Discovering
Prices
Auction Design in Markets
with Complex Constraints
by Paul Milgrom

オークション・デザイン
ものの値段はこう決める
ポール・ミルグロム

安田洋祐
監修

熊谷玲美
訳

早川書房

オークション・デザイン

もののの値段はこう決める

DISCOVERING PRICES
Auction Design in Markets with Complex Constraints
by
Paul Milgrom

Copyright © 2017 by
Columbia University Press
This Japanese edition is a complete translation of the U.S. edition,
specially authorized by the original publisher, Columbia University Press.
Japanese edition supervised by
Yosuke Yasuda
Translated by
Remi Kumagai
First published 2022 in Japan by
Hayakawa Publishing, Inc.
This book is published in Japan by
arrangement with
Columbia University Press
through Tuttle-Mori Agency, Inc., Tokyo.

装幀／竹内雄二

エヴァに永遠に捧げる

Contents

序　文

　本書は、私が2014年11月17日にコロンビア大学でおこなった
ケネス・アロー記念講義の内容に、詳しい解説を追加したものだ。
その講義で私に託されていたのは、経済学に対してアローがおこ
なった多くの貢献の1つを基にして話すことだった。それはたや
すいことだ。アローの理論研究は、経済学の世界にとても幅広い
道を切り開いてきたのだから。それまでの講義では、厚生経済学
や社会選択理論、医療経済学、イノベーションの経済学、金融経
済学など、多岐にわたるテーマが取り上げられていた。

　本書のアイデアの一部は、それらとは別の分野でのアローの研
究から得ている。一般均衡理論と、それに関連する価格決定プロ
セスに焦点を当てた研究だ。従来考えられてきたように、一般均
衡理論からは、アダム・スミスにまでさかのぼる経済学で最も古
い部類の考えがもたらされる。価格によって資源配分を導けると
いうアダム・スミスの考えは、たくさんの種類の財が存在する場
合でも正しいのだろうか。市場の有名な「見えざる手」は、買い
手と売り手が需給均衡価格を、つまり需要と供給が完璧に釣り合
う価格を発見するのに役に立つのだろうか。

　アローが貢献した、一般均衡理論という新古典派経済学の伝統
においては、こうした疑問は特定の定式モデルの中で提示されて
いた。そのモデルの中では、価格が提示される商品は定式化の一
部とされる。そうした特定の商品がその経済で取引されている理

由には注意が払われない。また多くの分析では、財は分割可能である（砂糖や米の取引単位についてはおおむね当てはまるが、自動車や家には当てはまらない）、そして製造工程において規模の経済が活かされないと仮定している。さらにそうしたモデルのほぼすべてでは、資源制約とインセンティブ制約という2種類の制約しか認められていない。資源制約は、需要が供給を超えないように制限するものである。インセンティブ制約は場合によって存在するもので、参加者が正確な計画情報を提供し、かつ結果的に生じる計画の指示に従う意志を持つようにする。こうした仮定を満たす仮説的な市場を与えると、モデルからは均衡の効率性あるいは非効率性についての疑問が提示される。そして定式モデルにおいて当てはまる答えは、実際の市場についての私たちの理解に影響を与える。

　近年、計算機科学者の間で、価格と分権的システムの検討に対するまったく異なるアプローチが広がり始めている。そのアプローチは、経済学モデルでは対象とされないことの多いいくつかの問題に焦点を当てている。効率的な資源配分の発見には、参加者間でのコミュニケーションが非現実的なほど大量に必要であり、近代的な通信チャンネルでさえその能力が試されるということが、そうした問題の1つだ。もう1つは、必要な情報がすべて利用可能でも、効率的な配分を計算するにはきわめて高速のコンピューターを使っても時間がかかりすぎるということである。この場合のモデルでは、規模の経済が作用し、すべての市場を均衡に導く価格が存在しない可能性がある。このような問題が起こりそうな市場では、シンプルで、非常に高速で作動し、効率的な資源配分をうまく近似できる通信システムやアルゴリズムの存在が重要になりうる。「単純」や「高速」「近似」というのは、伝統的な経済学理論に出てくることがめったにない単語だ。

　私が経済学の問題と計算機科学の問題を1つのものとして考えるようになったきっかけは、テレビ放送用の周波数をモバイルブロードバンド用に変えるために米国政府が進めていた準備作業を手助けしたことにある。この仕事は私に、アローがよくおこなっていたように2つの分野の境界で執筆することで彼への敬意を示すという機会を与えてくれている。アロー自身の著作に触発されて私が目指しているのは、いくつもの問題に取り組むためには、経済学の既存の概念的枠組みに合うように狭く定式化するのではなく、そうした問題に導かれるままに進むということだ。現実の実用的な解を出すにはそうすることが必要だ。私の分析においては、アローが強調していた、ある具体的なアイデアが重要な役割を果たしている。粗代替財と、それが動的な価格調整を導くうえで果たす役割についてのアローの分析は、本書では、ある複雑な資源配分問題を導いて関連する価格を見つけるために、オークションによるシステムを使う方法についての分析に姿を変えている。

　本書の執筆にあたっては、多方面からの支援と助言を得られた。私の研究の一部は全米科学財団からの研究資金による支援を受けている。またコロンビア大学での講義には、アロー本人や、パトリック・ボルトン、ジョセフ・スティグリッツ、ジェイ・セチュラマンが討論に参加してくれた。こうしたみなさんが与えてくれた見識に感謝する。さらにスタンフォード大学では、何人もの学生や同僚が私の文章を明確なものにし、数式を改善し、間違いを正し、本書を読みやすくするために力を貸してくれた。そうしたかけがえのない協力をしてくれた、モハマド・アクバルプール、ピョートル・ドヴォルチャク、リカルド・デ・ラ・オフローレス、シッダーント・グローヴァー、アレクサ・リア・ハウスハルター、シャオニン・リュウ、ジャン・マー、マリオン・オット、ミーガン・ローズ・マッキャン、アーリング・スカンケ、インバル・タ

ルガム＝コーエン、アンドルー・フォークト、ダニエル・レイトン・ライトに感謝する。最後になるが、執筆中ずっと支えてくれたコロンビア大学出版局の編集者のみなさん、特にブリジット・フラナリー＝マッコイに感謝する。

1章
イントロダクション

　1990年代中頃、やがて「マーケットデザイン」として知られるようになる新たな研究分野がそのタイミングで生まれたことは幸運だった。この時期には世界初のインターネットウェブブラウザーが登場して、消費者がワールド・ワイド・ウェブ（WWW）に簡単にアクセスできるようになり、その後すぐに電子商取引も大量におこなわれるようになった。イーベイ（eBay）などのオンラインオークションや、アマゾン（Amazon）といったオンラインストアやオンラインマーケットプレイス、グーグル（Google）が運用するような自動広告オークションが登場した。そして自動化によって、そうした市場は形式にのっとったルールに沿った取引が求められるようになった。これらの企業は、必要なルールの設計に取り組むエンジニアやプログラマーの役に立つようにと、経済学者——市場の実際のしくみを理解しているとみなされた人々——を雇い入れた。

　自分たちの市場をどう組織化すべきかについて助言を求めていたのは、ウェブ企業だけではなかった。同じ時期、全米研修医マッチングプログラム（NRMP）の見直しも進められていた。NRMPは米国国内で、医学部を卒業したばかりの医師と病院の研修医プログラムをマッチングする市場を動かしている。その伝統的なマッチングアルゴリズムは40年もの間うまく機能してきたもので、まず病院に対しては、自分たちの研修医プログラムに

参加する可能性のある医師たちの順位付けを求め、同時にそれぞれの医師にも病院の順位付けを求めていた。通常の数学モデルでは、こうした選好は医師と病院がわかっている現実のものとして扱われる。そうしたモデルによれば、医師と病院のマッチングを決定するNRMPシステムは、選好を正直に申告するよう仕向け、それが「安定」したマッチングにつながった。「安定」というのは、システムによって推奨されたマッチングを受け入れる代わりに、お互いが契約することを希望する医師と病院のペアが1組も存在しないという意味だ。しかしこのモデルは現実世界と完全に一致していたわけではなかった。このモデルにひそむ、重要な1つの欠点が表面化したのは1990年代になってからだった。このころ、医学部に通う女性の数が変化した。その結果、卒業予定の医師がほかの医師と結婚していて、カップルがお互いに調整可能な研修先を希望するケースが増えた。しかし旧来のシステムは、そうした希望に対応した設計になっていなかったのだ。経済学者たちはいつしか、理論上の特性はほぼ同じだが、独身の医師と病院のニーズだけでなく、カップルである医師たちのニーズにも対応する新しい研修医紹介システムの考案という新たな研究に没頭していった。

　同じ時期に米国では、無線呼び出し（ページャー）や携帯電話などのサービスで使用する周波数ライセンスのオークションが初めて実施された。このオークションも経済学者の助力や指導を受けて設計された。割り当てられるライセンスは何千件もあり、それぞれのライセンスは、カバーする地理的区分と使用周波数帯によって区別されていた。まったく同じライセンスは2つとなかったが、一部の入札者は、いくつかのライセンスを（経済的）「代替財」とみなしていた。それはおおまかにいえば、入札者がもっと安く購入できるライセンスがあることを知っていれば、ライセンスの購入意欲は

低くなるということだ。一方で、あるライセンスを（経済的）
「補完財」とみなす入札者もいた。つまり両方のライセンスを購
入するためにプレミアム（訳注：本来の価格に上乗せされる割増
金）を払う意志があるということだ。補完財が存在しない場合、
ライセンスを事業者に効率的に割り当てるという経済学的問題は、
独身の医師を病院に割り当てる問題と同様だが、補完財が存在す
る可能性を考慮すると問題ははるかに複雑になる。実際に、結婚
したカップルである2人の医師はたいてい、同じ病院か、近隣の
病院での研修医のポジションが得られるなら、（より条件の劣る
紹介先を受け入れるという形で）プレミアムを払おうとするだろ
う。研修医のマッチングも、周波数ライセンスのオークションも、
補完財が存在するせいで市場の再設計がとても難しくなっていた
のである。

　こうした実践的な活動がおこなわれているにもかかわらず、従
来の経済学理論に沿った教育を受けた経済学者のなかには、マー
ケットデザインという分野自体に懐疑的な人たちもいた。多かっ
た疑問は、どうして市場に設計が必要なのか、ということだ。規
制のない市場の参加者がなぜ自立した行動を取れないのか。今で
も多くの経済学者に支持される考え方によれば、資源の配分方法
が非効率的であり、かつ当事者の自由な交渉に対して人為的な制
約が課されていなかった場合には、当事者には、外部の支援がな
くても、重大な非効率性を抑制して最終的には排除しようとする
だけの十分な動機がある。その考え方に従えば、効率的な取引を
促進するのに、市場の組織化は必要ないことになる。

　この規制のない市場のもつ力は根強く支持されており、経済学
者が世界を理解するのに伝統的に使ってきた定式モデルに織り込
まれてきた。経済学における定式化（定型化）された主張は、特
定の数学モデルの仮定に基づく定理として、数式の形で提示され

ることが多い。経済学にとって定式化は重要だ。定式化されていれば、結論とされるものの前提となる仮定を正しく理解し、その仮定からその結論が本当に導かれることを検証し、仮定が異なる場合に結論がどう変わるかを確かめることができる。先ほど述べた伝統的な考え方の場合、これにあたる主張は、提唱者である英国の経済学者、ロナルド・コースにちなんで「コースの定理」として知られている。コースの定理は、あらゆる取引に参加する当事者について、次の4つの仮定をする。当事者は安全で移転可能な財産権を持つこと、効果的な価格交渉を自由におこなえること、費用なしにかつ規制上の制約なしに取引できること、そして取引することが双方に利益をもたらすときはいつでも取引をおこなうことだ。コースの視点からみて最も重要だったのは、結果の効率性が財産権の最初の所有者に左右されないことである。なぜなら、所有権は交渉のなかで必要に応じて変えられるためだ。

コースは、このモデルがいかなる現実の状況にも当てはまるものではないため、実務においては法律上の不履行状態が重要な意味を持ちうることを理解していた。財産権を守って、それを移動可能な状態にし、効果的に交渉して、契約の締結と履行をおこない、取引を実施するには、しばしば多くの障害が立ちはだかる。二者間の単純な交渉なら、コースの定理で説明される結論は十分現実的だろう。しかし、多くの利益を得るのに複数の当事者間の合意が必要な場合、交渉は特に困難になる。したがって、コースの定理の結論でそうしたケースでの実際の結果を説明できる可能性はきわめて低い。こうした条件があるにもかかわらず、「コース説」に沿った推論によって、多くの経済学者に浸透している考えが強化された。つまり市場への規制は最小限にすべきである、そして市場参加者は、規制当局が、あるいは当然ではあるが経済学者が押しつけてきた「デザイン」の影響を受けずに、自分のこ

とを自分でできる状態にしておくのが通常は最善だという考えが後押しされたのである。

　コースよりかなり前にも、古典派経済学理論と呼ばれるさらに古い学説が、市場は自力で機能することができ、明確な設計の必要性はなさそうだということを強調していた。18世紀には、封建制度の衰退にともなって生産を管理する人がいなくなったために、経済的混乱をまねくと懸念された。同時代のスコットランドの哲学者で経済学者のアダム・スミスが、そうした懸念はないことを市場の「見えざる手」という概念によって説明したことはよく知られている。スミスが根拠としたのは、どんな財でも、供給不足になればその価格が上昇し、結果として生産の拡大と消費の減少が促されること、そして同様に供給過剰が生産縮小につながることだった。すべて「見えざる手」に導かれているかのように。

　より現代的な学説では、スミスのさまざまの結論の正しさを証明するのに必要となる仮定に着目する。ケネス・アローとジェラール・ドブリューが定式化したことで知られるモデルは、価格が経済を効率的な結果に導けると結論し、「完全競争」と呼ばれる仮定を導入している。取引の当事者が、一般的な条件より大幅に有利な条件を要求すれば必ず、別の供給者や消費者が一般的な条件で同じ取引に参加し、その当事者に取って代わろうとするかぎりにおいて、市場は競争的である。完全競争市場では、単独で行動する各参加者が取引の条件に与える影響はゼロである。すべての参加者を含む経済システムが、供給と需要のバランスを取りながら、そうした条件を決めるのである。さらにそのほかに、それぞれの家計は自分たちの消費のことしか頭になく、決して充足せず、つねに少なくとも一部の財をさらに欲しがっているなどといった仮定を追加すると、厚生経済学の第一基本定理につながる。それは、完全競争市場において、あらゆる種類の財で供給と需要

が等しくなる（均衡）一般価格の下で実現する市場配分では、ほかの市場参加者の状況を悪くせずに、ある参加者の状況をよくするような、実行可能な配分はほかに存在しないということだ。この傍点部分の特性をそなえた配分は、「パレート効率的」であるという。これは、この条件を導入した著名な経済学者ヴィルフレド・パレートに敬意を表したものだ。

コースの定理と同様、厚生経済学の第一基本定理は、現実の状況によっては近似的にみても正しいとはいえない仮定に頼っている。例えば、この定理の証明に用いられている数学モデルでは、各市場参加者は、ほかの参加者に与える影響はその相手との取引を通じてのみであると仮定されている。ある個人や企業の消費や生産にかんする決定が、別の個人の厚生福祉や別の企業の生産能力に直接的に影響する場合、これを「外部性」という。外部性はどこでも見られるものであり、負と正がありうる。例えば、ある住宅所有者がひどい騒音を立てる芝刈り機を早朝に使うと、近所の人たちの眠りを妨げるかもしれない。これは負の外部性にあたる。住宅所有者の選択によって、近所の人たちの福祉が損なわれるからだ。一方、アップル（Apple）がiPhoneを開発し、発売したことの影響は、正の外部性の例にあたる。その決断は、アップル製品と補完的な関係にある製品を生産するアプリ開発企業にとって貴重な機会を新たにもたらしたからだ。多くの新製品と同様、iPhoneは消費者の意識を高め、この製品への需要があることを証明することで、競合製品であるグーグルのAndroid OSや、サムスン（Samsung）やレノボ（Lenovo）、HTCのスマートフォンに対する新たな市場機会も生み出した。新古典派経済学理論によれば、市場は負の外部性を持つ活動を十分に抑制することも、正の外部性を持つ活動に十分に見返りを与えることもない。一方で、市場やそのほかの環境における社会的相互作用のルールは、

多くが負の外部性を緩和するか、取り除くようにできている。例えば、自動車のドライバーが交差点をふさぐのを防ぐルールがあれば、ほかのドライバーは目的地により早く、安全に到着できる。

厚生経済学の第一基本定理の結論と合致しない、現実世界の複雑な要因は、外部性だけではない。第一基本定理には、市場は完全競争的だという根本的な仮定があるが、一部の市場の状況はそれとはほど遠いといえる。一部の参加者が、価格を設定したり左右したりするのに十分な力を持っているからだ。例えば、アップルはiPhoneの価格設定をかなり柔軟におこなった。競合企業の製品と比べて価格が高かったせいで、その売り上げに多少響いたものの、iPhoneの売り上げ自体はそれ以上に大きくなった。

組織化されていない市場の失敗の原因とされるこれら2点、つまり外部性と不完全競争は、ミクロ経済学の入門レベルの教科書では必ず詳細に議論されるものだ。しかし教科書ではそれほど取り上げられないが、マーケットデザインにとってきわめて重要な仮定がほかに2つある。1つめは、消費者や企業は、供給されたりしたりするのが各商品のどの部分であるかには関心がなく、結果として、市場取引に対して問題となる制約は唯一、需要量と供給量が等しくならなければならないことだという仮定だ。そして2つめは、供給と需要が等しくなるような価格が存在するという仮定である。アロー＝ドブリューモデルは、この1つめの仮定を組み入れている。そのモデルについての定理から、2つめの仮定（つまり市場の需給均衡価格が存在すること）を保証するのに十分な、一定の集合の凸性にかんする数学的条件が特定できる。

アロー＝ドブリューモデルが、ほかの大半の経済モデルと同様に、あるカテゴリー内の商品が同質（均一）であると仮定するのはなぜだろうか。従来の答えは、2つの品目が何か重要な点で異なっているならば、その違いが物理的な特徴にしろ、入手可能な

時や場所にしろ、それら2つの品目は異なる価格を持つ異なる商品として扱えるから、とするものだ。火曜日にニューヨークでホテルを1部屋必要とする旅行者は、別の都市のホテルや、ニューヨークでも別の日のホテルでは満足しないだろう。そのため、都市や日程が異なるホテルの部屋は異なる商品であり、異なる価格がつきうる。この答えで困るのは、それ以上の説明ができないことだ。ある特定の時と場所に、物理的商品が1つしか存在しないことはありうる。商品説明においてあらゆる違いに配慮する必要があるとしたら、どんな物理的商品の供給者も必然的に独占者となり、あらゆる品目のあらゆる単位が独自価格を持つことになる。競争に基づく経済モデルや、個人の選択はあらゆる商品のあらゆる価格についての知識によって導かれるはずだとする経済モデルにとって、これは不都合な結論である。

　現実には、商品カテゴリーを定義するうえでは、時と場所、さらには物理的特徴すら、細かな点は必ず見落とされている。その結果、ある程度の異質性がつねに残る。例えば非専門家なら、ブッシェル樽に入った小麦は均質だと思うかもしれないが、「2等赤小麦」は、ブッシェルあたりの重量の最低限度や、損傷した穀粒の最大比率、赤小麦穀粒に混じった白小麦穀粒のパーセンテージの最高限度、異物の量などに対する限度などの物理的特徴によって定義される[1]。「シカゴ産2等赤冬小麦」という商品は、今説明した物理的特徴の範囲に加えて、この小麦が入手可能な時期と産地の範囲によって定義されている。

　一部の実用例では、カテゴリー内の商品間のごく小さな違いが、需要を満たすのに非常に重要になる。電力市場は、午後5時と午後5時4分に供給した電力に対して同じ価格を電気事業者に支払うように組織化されているが、午後5時にスイッチをオンにする利用者は、午後5時4分に利用できる電力を使うことはできない。

電力システム管理は、利用者が求めるものを求めるときに供給する必要があり、午後5時から午後5時5分の間に特定の場所に合計何メガワット供給するという形ではいけないのである。

　電力供給は需要を満たすのに十分である、と表現されるような資源制約は、市場によって質のうえで重要な違いがある。もしも人々が資源制約を破ろうとする場合に、一部の需要が満たされずに終わる結果になるだけならば、資源の制約が「単純」だといえる。例えば、レンタカー会社にある2台の自動車を借りようと3人がやって来た場合、そのうちの1人はがっかりすることになる。価格調整によって需要と供給の不均衡を修正できるとうたう従来の経済分析では、すべての制約が単純であると暗黙のうちに仮定されている。しかし一部の資源制約では、違反を試みた場合に無害ではすまない結果になることがある。例えば、2台の列車が線路の同じ区間を同時に使おうとすると、結果は単に、一方がその線路を使えなくなるだけではすまない。2台の列車が悲惨な衝突を起こす恐れがあるのだ。価格は最終的に調整されるので、資源に対する超過需要は長続きしないというアダム・スミスの説明では、こうした列車の乗客にとってはまるで慰めにならない。供給と需要の一時的な不均衡すら容認されない場合、価格システムだけでは不十分なのだ。不均衡を確実になくすには、ほかの調整手段が必要になる。別の例は電力市場からも得られる。電力需要が送電網の容量を上回ると、一定時間の交流電圧低下や停電が起こり、すべての消費者に影響がおよびかねない。

　本書で私が識別する2種類の複雑性は、市場の集権化を望ましいものにし、優れたマーケットデザインに価値を与えるもので、しばしば相互作用する。その複雑性の1つめは、列車の衝突や電圧低下のような事象にともなう非常に高い費用負担を避けるために、多くの個別の計画が制約を満たさなければならないならば、

その制約は単純ではないことだ。2つめとして、商品カテゴリー内に異質性があることによって、市場パフォーマンスが受け入れられるために適切な商品数量の生産と個別ユーザーへの割り当てが求められる場合には、私はこうした受け入れ可能性に関する制約も同様に複雑だとする。複雑性を生み出すこの2つの要因は、同時に見つかることが多い。こうした複雑性がある場合には、古典的な経済学的概念——つまり企業や消費者の決定が、価格に導かれることで個別に調整され、それが一時的な超過供給や超過需要の状態を解消するという概念——は、マーケットデザイン理論の基礎としてはふさわしくない[2]。

　もう1つの、あまり取り上げられていないが私が着目してきているのが、需給均衡価格が存在するはずだとする仮定だ。アローとドブリューは自分たちのモデルで、ある集合が凸ならば、需給均衡価格が存在することを証明している。しかし彼らの凸集合の仮定がつねに満たされるとは限らない。そうした仮定が含意することの1つとして、すべての財は全体としてだけでなく、その一部分だけを製造したり、使用したりもできること、そして効率を損なわずに生産プロセスの拡大や縮小が可能ということがある。現実世界には、砂糖や小麦、塗料のように分割して消費できる財があるが、住宅のように整数量でのみ消費される財もある。ペルシャじゅうたんは明らかに小規模でも大規模でも同様に効果的に製造可能だが、自動車組み立てなど一部の製造プロセスは、大規模のほうがはるかに効率的だ。そうした場合、凸性の仮定は十分に当てはまらず、製造の決定を導くには、ほかの市場データで価格を補足する必要があるだろう。

　複雑性の問題は経済学の講義ではめったに取り上げられない。マーケットデザインという考え方に対して抵抗があるのは、ほとんどがそのせいだろう。複雑性がないなら、マーケットデザイン

をおこなうことが何の役に立つだろうか。コースの定理を極端に文字通り解釈して絶対視する立場では、人々はつねに自分の取引を自分で手配する状態に置かれるべきだとされる。それは、人々は自分自身の選好を一番よくわかっているからだ。競争モデルと、それに関連する厚生経済学の第一基本定理を杓子定規にとる人々はさらに、複雑な制約の問題を無視したがる。そして、代わりにアダム・スミスを持ち出して、市場がまずまず競争的であるかぎりは、規制を受けない競争にそなわる「見えざる手」が市場参加者を効率的な結果に導くと結論する。

　この伝統を基礎とする学派は、学生に対して、やる気があり、十分な情報と政策手段を自由に使える規制者には、通常の市場結果を改善できるという特定の状況があることを認識するように教えている。負の外部性を持つ活動を阻止し、正の外部性を持つ活動を促進するための市場規制は、正当化されるのかもしれない。例えば、規制が市場の力を抑制して、独占者が有害な方法で価格を操作することを防ぐのは正当化されるだろう。しかし現実には、完璧な規制は不可能である。規制を実施するには、独自の厳密な目的を持った規制制度の創設が必要であり、これが過度な規制や非生産的な規制のいずれか、または両方の原因になることが多い。一般的には、競争市場の理論がコースの定理の分析とともに機能することによって、競争市場はたいてい十分に自立しているので、規制制度のコストを回避するのは適切だという説が再確認される傾向がある。この考え方に立てば、関係者が相互利益となる合意に達するためにまずまず自由に交渉できるかぎり、そして価格を操作する人々が競争によって罰を受ける場合には特に、ひどい腐敗か情報不足のせいで実質的な価値のあることを何もおこなえない規制者が管理する市場よりも、規制のない市場のほうがはるかに効率的に機能することになる。こうした従来の考え方に賛同す

る多くの経済学者は、市場取引は参加者に任せるのが最適であり、外部からの組織化や介入を試みるべきではないと主張している。

本書で提示する新しい視点は、複雑性そのものが、慎重な組織化によって市場が改善することがある重要な理由を説明できることだ。この点を明確にするため、数式の説明に入る前に、複雑性が規制のない分権的市場を破綻させることや、場合によっては既に破綻させていること、そしてそうしたケースで、マーケットデザインの細部が市場パフォーマンスにどのように影響するかを掘り下げてみたい。

1.1 ジョージア州での土地配分の例

従来の考え方で明白な前提の1つとされているのが、資源配分が非効率であれば、関係者の間には、全員で分け合うことができる価値を生み出してこの問題を解決しようというインセンティブが生まれることだ。しかし関連する制約が複雑で、限られた資源をだれがどれだけ入手するかを単に決めるわけにはいかない場合には、何らかの形式上の組織化が関係者に利益をもたらしうる。注意深い市場組織化なしに、関係者が自力で効率的な配分を見つけるのは難しい。

Hoyt Bleakley and Joseph Ferrie（2014）による、ジョージア州での土地配分の研究を考えてみよう。ジョージア州では1803年から1832年にかけて、一連の土地抽選をおこなって辺境の土地の開拓を実施した（図1.1）。

毎回の抽選では、各応募者は樽から紙切れを引いて、どの土地区画を受け取るかを決めた（図1.2）。

この区画の広さは小規模な農場を想定しており、当時の農耕技

術を反映していた。しかし抽選当選者の多くは、抽選してもすぐにこの土地に移住して当選した区画の開発に着手はしなかった。そして実際に開発を始めるころには、農耕技術は既にもっと広い農場に適したものに変化していた。効率的な農耕がおこなえる広さの区画を集めるべく所有者らが必要な取引をおこなえば、市場は支援なしで土地の所有権を再編成することができただろうか。

　そうした所有権の再編成は難しい。それは、各所有者にどのくらいの土地を配分すべきかを決めるという以上の問題になるからだ。その複雑さの例として、最初の区画配分と望ましい区画配分が図1.3のようになっているケースを考えよう。図中の点線で示

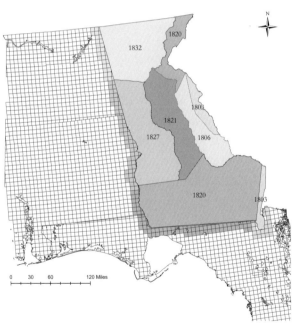

図1.1　ジョージア州の土地抽選地域と実施年。Bleakley and Ferrie（2014）の図を引用。

図1.2　樽から区画の番号が書かれた紙を引く抽選の参加者。George I. Parrish Jr画。

した長方形は、小さく区切った最初の土地配分の略図である。一方、実線の長方形は、効率的な配分に必要なもっと広い区画だ。

　実線の長方形はそれぞれ4つの点線の長方形と重なっている。効率化のために必要な取引すべてが個別に実施されたとすれば、実線で表す新しい長方形区画の所有者9人はそれぞれ、点線の長方形区画の所有者4人と取引しなければならない。そうなると、全体では36件の取引が必要になる。点線の長方形の所有者12人（四隅の長方形の所有者を除外する）にとっては、最初の取引で自分の区画が分割されると、売り手である彼らにはより狭くて効率が悪く、奇妙な形の区画が残ることになる。点線の長方形の所有者が最初の取引で利益をあげるためには、その後の、所有区画が小さくなったことで既に交渉上の立場が弱まっている可能性のあるタイミングで、さらに関連取引をおこなうことを見越しておかねばならない。

　必要とされる取引が非常に多いことは、コースの定理の論理づ

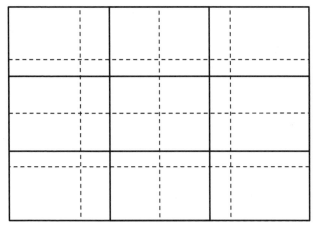

図1.3　十分に効率的な土地利用を実現するには、区画構造と所有権の複雑な変更が必要になることがある。

けに疑問を投げかける。権利をめぐる非効率な取り決めは、たしかに取引のインセンティブを与えはするが、きわめて多くの取引が必要とされる場合には、組織化も規制もない取引は、問題解決に長い時間がかかる可能性がある。それが特にいえるのは、一部の取引において、いつか売却すれば利益が出るものと期待して、狭くて効率の悪い区画を受け入れるよう、所有者に一時的に求めるような場合だ。

　この説明に従来の考え方で反論するなら、民間市場はこうした問題をきわめて創造的な方法で解決できるという点が強調されるだろう。例えば、最初の所有者と最終的な所有者の間で取引をする代わりに、起業家なり開発業者が点線の長方形区画をすべて買い上げ、再編成して再分割し、実線の長方形区画を販売すればいい。その場合には、16件の購入取引と9件の売却取引が発生し、合計取引数は25件になる。いぜんとして多い数だが、最初の方法での36件よりは少ないし、小さな長方形区画の所有者は、複

数の買い手と取引する必要がなくなる。これはより良い方法だが、万能の解決策ではない。効率的な配分を妨げられる立場にある小区画の所有者のなかから、特に高い価格を要求して、開発をほとんど利益の出ないものにしてしまう人がでてくるかもしれない。

　この種のいわゆる立ち退き拒否は、土地取引でよく起こる問題である。土地再開発業者が購入できず、最終的にその周囲に建物を建築せざるをえない家は、「釘の家」と呼ばれることがある。周囲で建築が進むと、引き抜くべき釘のように突き出る形になるからだ[3]。図1.4は、シアトルのショッピングモール建設にあたって、家の所有者があまりに長期間抵抗し、高すぎる価格を要求したため、家の周りにショッピングモールが建てられたケースだ。

　過去には一般住宅以外の建物でも立ち退き拒否が起こって、奇妙な構造の建築物ができたケースが知られている。周囲を建物に取り囲まれた聖ジョゼフカトリック教会（テキサス州サンアントニオ）もそうした建物の1つだ（図1.5）。

図1.4　立ち退きを拒否した家（「釘の家」）を囲むように建てられたシアトルのショッピングモール。写真提供：Geoff Carter

　こういった例は、高いリスクがある状況でさえ、新たな建築事業について財産所有者の承認を満場一致で得るのが難しい可能性があることを示している。紹介した写真でよくわかるとおり、承認を得られなければ、だれも完全には満足しない奇妙な状況が長く続き、損失をもたらすことになりかねない。

「釘の家」や教会のケースは、興味深い話かもしれないが、ただのエピソードにすぎない。これは本当に、土地の再配分でよく起こる重要な問題なのだろうか。

　ジョージア州の土地所有の例のほうが問題をより一般的な形で説明できる。それは、その例には同じような土地区画が、統計的手法を当てはめることができるほど十分に多く関係しているからだ。Bleakley and Ferrie の研究は、最初の土地所有権がランダムに決定され、それがやや不都合な所有パターンを生み出したことと、農耕技術の変化によって広い土地区画のほうが農耕の面で効率的になったことを利用している。彼らはその変化を用いて、

図1.5　聖ジョゼフカトリック教会とそれを取り囲む建築物。写真：Wikipedia

組織化されていない個人間の取引が非効率性を取り除くのにかかる時間を調べた。その結果、大半の土地区画は、最初の所有者か、所有者の直接の子孫の手にきわめて長期間とどまることが明らかになった。その期間は約100年間である！　同じ研究はさらに、そのような時間のかかる再配分が土地所有者にとって大きな損失につながることを示した。ジョージア州の地価は、フロリダ州内の近隣地域にある同様の農耕地よりも約20パーセント低かったのだ。Bleakley and Ferrieはその理由を、ジョージア州の区画がフロリダ州の区画よりも小さく、結果として土地の生産性が低いためだとした。そうした価値の損失は、個人間取引のインセンティブとなったが、市場への適切な支援がない場合には、そうしたインセンティブでは不十分だった。取引失敗という行き詰まりの打破に役立った1つの要素が、しっかりした土地登記簿への変更であり、これは買い手と売り手が互いを見つけるのに役立った。最終的に所有権のパターンが変化して、より広くて効率の高い区画が標準になった。しかし、この移行に1世紀かかったことで、途方もない量の経済的価値が無駄になった。それは、必要となる取引の複雑さに加え、効率的な取引を実現する優れた集約的な登記簿の欠如がもたらした直接的な結果だった。

　この土地所有権変更をめぐる物語は、効率の向上の難しさをある面では誇張しているが、矮小化しているともいえる。難しさが誇張されているというケースは、規模の経済の詳細次第ではあるが、最適な中間的広さを求めるのではなく、2つの隣接する土地をくっつけて倍の広さの土地にするだけで、買い手にかなり効率的な結果をもたらす場合があるからだ。そうした取引はずっとまとまりやすいし、そうした代替措置は、立ち退き拒否することで土地の効率的な再編成を妨げる個々の所有者の力を減じることにもなる。「釘の家」のケースは、その点のプラス面であり、1つ

の立ち退き拒否があっても建設事業は完成させられることを示している。しかしそうしたケースは同時に、重要なマイナス面も示している。つまり、再編成の最中に正しい配置がおこなえない場合、土地開発の非効率がほぼ永久に存在することになりかねないのだ。シアトルの釘の家の所有者が今になって土地を売りたいと思っても、開発業者は興味を持ちそうもない。その開発事業はその区画を除外するように再設計されて、建設されたのだ。初期の取引の失敗による損失と非効率性を帳消しにするには遅すぎる。

　政府の土地収用権をめぐる法律の動機となるのはまさに、こうした例で示される種類の難しさである。土地収用権は、政府が公共事業促進を目的として、適正な補償と引き換えに財産を取得することを可能にする。こうした政府の権利がおよぶ範囲はいぜんとして議論の対象になっているものの、ある程度の権利の行使は納得がいくことに思える。例えば、米国での州間高速道路の建設中、個人財産の所有者が、土地を「適正な市場価格」と定められた価格で買い上げられるのを拒むことで、プロジェクトを遅らせることは禁じられている。

　こうしたケースからは、市場がどのように機能するのか、そして組織化がなぜ重要になりうるのかについて、いくつか重要なことがわかる。1つめの最も明らかなことは、組織化されていない市場では、特に取引が複雑で土地のように異質な商品カテゴリー内で多数の当事者がかかわる再編成が求められる場合、不適切な配分を修正するにはきわめて長い時間がかかるという点だ。2つめは、当事者の一部が初期の取引から除外される場合、（より理にかなった建築物の設計などによる）価値創出の機会が取り返しのつかないほど失われうる点だ。3つめは、市場の組織化と運用の方法の細部が商取引の効率に影響する可能性がある点だ。ジョージア州の土地利用のケースでは、初期に潜在的な買い手が、土

地を売ってくれる所有者を見つけて連絡を取るのがとてつもなく難しかったせいで、所有権の効率的な再編成が妨げられてしまった。土地登記簿が改善され、所有者の連絡先情報を含むようになると、取引はやりやすくなった。[4] 4つめは、財産権の詳細が、所有地を集めてまとめ直す作業のしやすさを変えてしまいうる点だ。私たちは政府の土地収用権の行使に関連して説明したが、この土地収用権は都市地域の再開発や米国の全国高速道路網、そのほかさまざまな事業において重要な貢献をしている。

1.2 航空路と民間宇宙船打ち上げ

　配分問題のなかには、とても複雑に見えるため、その配分問題を規定するのに市場の使用がめったに検討されないものがある。1つの例が、航空路や、主要な混雑空港での発着枠の配分だ。航空機の飛行の安全を確保するには、フライトとフライトとは飛行中でも離着陸時でも適切な時間と距離を空ける必要がある。飛行安全規定は短期的にも長期的にも変更される。例えば、天候が変化すると離着陸時の航空機どうしの安全間隔が影響を受ける。一方で商業用ドローンなどの新しいテクノロジーは、空域の共有方法に新たな問題をもたらす。そうした考慮すべき点があるため、完全に分権的で組織化されていない市場は危険とされ、航空路の計画担当者や航空管制官によって管理されるシステムの構築につながった。

　しかし一元管理的システムにはマイナス面もあるし、配分を導く役割を価格から奪ってしまうと重要なことが失われる。ユーザーがある価格を支払って資源を使う必要がある場合、その資源の節約が推奨される。民間航空会社は、より少ない便でより多くの

乗客を運ぶことで節約するだろう。あるいは、滑走路があまり混雑していない近隣空港に便を迂回させるかもしれない。宅配便サービスは、旅客便が少ない夜間に自社の便を設定する。ドローンの飛行高度は航空機よりも低く、その高度では飛行スケジュールがもっと流動的になる可能性がある。そして利用やニーズに変化が生じると、価値の高い用途のある新規ユーザーが、移行を容易にするために既存ユーザーから財産権を買い取ることがある。完全に自由な市場システムの場合には、投資パターンはさらに複雑になる。航空機メーカーは、最も価値の高い用途にあった航空機を設計し、建造する。価格の高い航空路で費用が上昇したら、最も混雑する航空路を飛ぶ便の小売価格もやはり上昇し、一部の消費者は鉄道やバスに切り替えるかもしれない。競争市場理論が強調するとおり、競争から生まれた価格はシステム全体で、旅行者、航空会社、航空機メーカー、そのほかの旅行業者に対して、資源の効率的な使用のために正しい選択をするように適切なインセンティブを与える。

　空に目を向けると、空域には別の新たな用途がある。米国やヨーロッパではこの数年で民間宇宙船打ち上げの可能性への関心が高まっており、航空管制システムは、新たに登場した垂直方向への飛行と、従来の水平方向の飛行を調整するという難題に直面している。それらの間で空域をうまく配分するには、両者の相対的価値にかんする情報を用いる必要がある。そしてそれは、規制者よりも市場のほうがほぼいつでもうまくおこなえるものだ。

　民間宇宙船打ち上げが混乱をもたらしかねないことは、先例から明らかになっている。米国政府がフロリダ州のケープカナヴェラル空軍基地から実施してきた宇宙船打ち上げはこれまで、米国東海岸全域の航空機に飛行ルートの変更を強いるなど、大きな混乱の原因となってきた。その理由は、宇宙船打ち上げの事故率が

民間航空機よりもずっと高いこと、そして宇宙船打ち上げ時の事故では破片が半径数百kmの範囲に飛び散る可能性があることだ。

2014年10月31日（この本の元になったアロー・レクチャーのほんの数週間前）に、ヴァージン・ギャラクティック社のVSSエンタープライズがカリフォルニア州のモハヴェ砂漠に墜落した。この墜落事故（図1.6）が破片を砂漠に34マイル（約55km）にわたって飛び散らせたことからも、水平方向の飛行と比較して、垂直方向への飛行には時間と空間を多めに与える重要性があることが明確になった。

こうした事実から、資源配分をめぐるいくつかの問題が浮かび上がる。そもそもどの垂直飛行を予定するべきか。それはどの時間と場所にすべきか。一部の垂直飛行を、水平飛行の密度が低く、時間的制約の小さい夜間に予定するべきか。垂直飛行は、主要な航空路や空港から一定距離離れた場所でだけ予定するべきか。宇宙船打ち上げの水平飛行に対する優先度や位置づけは、どういった性質から判断するべきか。

価格に基づくシステムは、こうした疑問に答えを出すのに役に立つ。ある垂直飛行（宇宙船の打ち上げ）が、航空路設定の権利を有する多くの価値ある水平飛行を変更させる場合、市場システムは宇宙船打ち上げに対して、そうした権利の購入を強制する。または、その権利が政府によって管理され、販売されているなら、市場システムは宇宙船打ち上げに対して、水平飛行より高い価格を要求するだろう。価値の低い打ち上げは推奨されない。また打ち上げの予定を再設定することで、水平飛行の変更が少なくなるか、価値の低い水平飛行の変更で済む場合には、価格システムはそうした調整を促すだろう。

政府による規制だけに基づくシステムでは通常、そうした優れたインセンティブが欠けている。図1.7に示すのは、デンヴァー

空港の約10km西に建設予定のフロントレンジ宇宙港の完成予想図だ。

　米国西部の主要ハブ空港にきわめて近いこの立地が適切かどうか、あるいはそうした選択が航空交通量を不必要に増大させるのではないかという疑問が浮かぶかもしれない。さまざまな季節や

図1.6　ヴァージン・ギャラクティック社のVSSエンタープライズ（墜落の前と後）。写真提供（上）Jurvetson（Flickr）、（下）国家運輸安全委員会

時間帯の航空路と発着枠に価格を設定していなければ、この選択が賢明かどうかを評価することは、航空路の計画担当者も含め、だれにとっても難しい。

　この例が示すように、たとえ厳しい制約のあるシステムにおいても、価格には資源配分を導くうえで、ある重要な役割がそなわっている場合がある。それは、市場内の各参加者に、使用する資源の機会費用を考慮するよう促すという役割だ。だからといって、安全上の制約を監視する中央当局が存在しないような、規制のない市場に頼るのが一番だと結論するのは愚かである。課題となるのは、複雑な制約が満たされるように保証する十分な直接的管理を維持しながら、価格を効果的な方法で組み入れることだ。

1.3 FCCのインセンティブ・オークション

　最初の2例で得られた教訓は、2016年に米国連邦通信委員会

図1.7　フロントレンジ宇宙港の完成予想図。（Luis Vidal＋Architects）

（FCC）が実施した野心的な「インセンティブ・オークション」に生かされた。私は、経営するオークショノミクス社を通じて、このオークションの設計や計画、専用ソフトウェアの作成をおこなうコンサルティングチームのリーダーを務めた。ここでは、この事例の背景や詳細について、前の2例よりも詳しく議論しよう（本章の終わりにはオークションの主なルールについても詳しい説明をつける）。

　FCCのインセンティブ・オークションは、ジョージア州の土地配分の例と同様に、価値ある資源をより効率的に使用できるように財産権を再配分するものだ。FCCの場合は、再配分されるのは土地区画の使用権ではなく、周波数の使用権である。そうした再配分をめぐる課題を説明する前に、まずこうした周波数利用の歴史を振り返り、最近のテクノロジーの進歩によって需要パターンが変化したことで、権利の再配分の価値がきわめて高くなっている状況をみてみよう。

　ケーブルテレビが米国に最初に導入されたのは1948年だが、初期は電波によるテレビ放送を補うものにすぎず、テレビ放送局が放送エリア外の視聴者にもサービスを提供できるようにするという位置づけだった。ケーブルテレビ局は自社アンテナで放送信号を受信すると、ケーブルを使ってその信号を各家庭に再送信する。視聴者のほとんどは引き続き地元放送局の電波も受信していたが、一部の視聴者はそうした放送に加えて、ケーブル専門局の放送を追加契約していた。当初は、放送局の大規模化と放送範囲の拡大は単に、近隣地域の地元放送局の間に競争を生み出しただけだったが、時間がたつにつれてケーブルテレビの放送モデルが進化した。1976年には、特定地域を拠点としない初のケーブルネットワークテレビ局（テッド・ターナーが設立したスーパーステーションWTCG）が開局した。ケーブルテレビの視聴者が増

えて、ケーブルテレビシステムで利用できる放送局が増えるにつれ、消費者は、地元放送局の放送を見る場合にも、屋根の上のアンテナや、テレビの上に載せる「ウサギの耳」型アンテナにあまり頼らなくなった。やがて衛星放送局がケーブルテレビ局と競合する市場に参入し始めた。2012年の時点では、米国の家庭の約90パーセントがケーブルテレビ局か衛星放送局経由でテレビ信号を受信しており、電波によるテレビ放送しか見ないという視聴者の数は大幅に減少している。一方で、同じようにテレビ放送事業者による周波数への需要を減らすことになったきっかけはもう1つある。デジタルテレビ技術の発達だ。この新しいテクノロジーの登場で、テレビ放送事業者は、従来のアナログ標準画質信号用に当初確保された6MHz幅の一部だけを使って、高解像度テレビ信号を家庭に送信できるようになった。余剰周波数は主に、視聴者の少ないほかの局の放送に使われていたので、経済価値の若干の損失だけで、この周波数帯の多くをほかの用途に割り当て直すことが可能だった。

　電波によるテレビ放送の価値が低くなっていくとともに、その周波数帯の新たな用途が登場した。2007年のアップルのiPhone発売が転換点となって、ワイヤレスインターネットサービスの需要が爆発的に増加した結果、ワイヤレスデータ通信に適した周波数がすぐに不足したのだ。米国では2012年にホワイトハウスが、ほかの用途からの再配分によって500MHz幅の周波数（大量の周波数だ）をワイヤレスインターネットサービス用にあてるという目標を発表した。

　電波によるテレビ放送は2種類の周波数域を使ってきた。1つはVHF（very high frequency（超短波）の略）で、これはもともとチャンネル2からチャンネル13に対応していた。もう1つがチャンネル14以上に対応していたUHF（ultra-high frequency

（極超短波））だ[5]。UHFチャンネルはVHFチャンネルよりずっと高い周波数を使っており、アナログ放送時代には価値が高いのはVHFチャンネルのほうだった。現在、モバイルデバイス向けワイヤレスデータ通信でとりわけ価値が高いのはUHF、特に600 ～ 700MHz帯の周波数だ。周波数が低い信号は高い信号よりも伝わりやすく、遠くまで届き、樹木や雨粒、都市部の高層オフィスビルの厚い壁などの障害物を通過しやすい。一方で、もっと低くなるとモバイルデータにはあまり適さなくなる。大型アンテナが必要になって、モバイルデバイスには収まりにくくなるのと、周波数がきわめて低い電波は、掃除機や料理用ミキサーなどの家電製品からの干渉を受けるためだ。広い範囲をカバーしようと思えば、600 ～ 700MHz帯が、利用可能なワイヤレス周波数帯で最も価値の高い「海辺の一等地」なのである。

　前述の土地再配分の例と同じように、周波数の再配分でも、古い所有権パッケージを再分割したり、まとめ直したりすることで、より新しいテクノロジーに適したパッケージを作る必要がある。土地配分の例では、買い手が自分の所有する土地だけを考える単純な概念的モデルに話を絞ったが、現実はそれよりも複雑だ。住宅用区画の所有者は、隣人の音楽がうるさすぎないことだったり、近隣の劇場やクラブが十分な駐車スペースを用意して車があふれるのを防ぎ、法律を遵守するような常連客を集めていること、地域の公園の規模が住人の数に合っていることなどを気にするだろう。前述の「釘の家」の所有者は、自分自身の区画を所有して使用できればいいわけでなく、近隣区画の建物や用途についても気にする。

　周波数の配分でも同じような「善き隣人」問題が生じる。その1つが、電波による放送信号を受信しているテレビからほんの数メートルの位置で、携帯電話が作動しているケースだ。人間の場

合は聞き手に自分の話が聞こえるように声の大きさを調整するのと同じで、携帯電話も信号が基地局に届くように信号強度を調節しており、基地局が遠ければ強度を上げる。一方のテレビは、テレビ放送の電波塔が遠い場合には弱い信号しか受信できない。携帯電話が強い信号を送信している場合、テレビは、隣人のかける音楽がうるさいなか、広い部屋の反対側で話している人の声を聞こうとするときのような問題を抱える。携帯電話の信号がうるさくて、放送信号を「聞く」ことができないのだ。信号の干渉はこれと反対方向でも起こりうる。テレビ信号がうるさいと、周波数が近い携帯電話信号をかき消してしまうので、携帯電話は基地局から送られてきたメッセージを「聞く」ことができなくなる。この問題を工学的に解決するには、テレビ信号と携帯電話信号が隣接する周波数を使わないように、周波数配分を調整すればよい。それには、すべてのテレビ信号にある1組の連続する周波数を割り当て、携帯電話信号には別の連続する周波数を割り当てたうえで、テレビと携帯電話の間にある第三の周波数の組は（大部分を）未使用にして、「保護周波数帯」とする必要がある。

　これに関連する問題が、ダウンリンク信号（基地局から携帯電話などのモバイルデバイスへ送信される信号）が、アップリンク信号（モバイルデバイスから基地局へ送信される信号）と干渉しうることだ。携帯電話が基地局から遠いと、ダウンリンク信号が弱くなる。一方で携帯電話からのアップリンク信号は基地局に届くように強度を上げる必要があるので、隣接する周波数を使っているダウンリンク信号をかき消してしまうことがある。北米やヨーロッパではこの問題を解決するために、アップリンク信号とダウンリンク信号の間に保護周波数帯を置いて、その周波数はアップリンク信号やダウンリンク信号などの干渉する可能性のあるサービスに一切使用しないようにしている。

このように、さまざまな用途に周波数帯を割り当て、その間に保護周波数帯を置くように調整することは、まるで商用地と工業用地、住宅地の間に、異なる用途の間の緩衝地帯の役目を果たしてくれる小道や公園、農地を配置するという優れた土地利用方針を連想させる。動かない構造物がいったん建設されてしまえば土地の利用法を変えにくいのと同じで、特定の周波数で送受信するように調整された携帯電話やテレビなどの家電製品が広く販売されたり、テレビ放送局や携帯電話基地局を設置し、特定の周波数を使うように整備したりした後で、使用周波数を変えることは難しい。さらには、モバイルデバイスを国全体で、さらに複数の国でも使用可能にするには、異なる地理的地域でのモバイル通信の周波数を一致させなければならないことが、周波数変更の問題をさらに複雑にしている。

　土地利用の問題と比べても、周波数が持つ工学面の特徴を考えれば、多岐にわたる潜在的買い手と潜在的売り手の間での周波数利用の調整がきわめて重要である。ワイヤレスモバイルサービスの場所を空けるために、ニューヨークでチャンネル41を使用しているテレビ放送事業者がチャンネルの閉鎖や移動をおこなうなら、周波数の使用効率を上げるためには、トピーカやサンディエゴなど国内のほかの都市においてチャンネル41で放送しているテレビ放送事業者もほぼ同時期に閉鎖するか、移動しなければならない。またチャンネル41がワイヤレスサービス用に利用予定の近接チャンネル帯の真ん中にあるなら、チャンネル40とチャンネル42でも同時に矛盾のない変更をする必要がある。さらにはライセンスを標準化して、広く置き換え可能にするために、「バンドプラン」としてどのライセンスでも、アップリンク周波数とダウンリンク周波数の間隔が、例えば40MHzなど一定の値になっている必要がある。これにもやはり離れた周波数間での利

用への調整が求められる。最後に、どのサービスでも直接使われることはないが、すべてのサービスの実現には欠かせない保護周波数帯をだれかが準備し、その費用を適切に分配しなければならない。

　さらに話を難しくしているのは、放送局に放送権を手放すことを要求する法的根拠がないことだ。放送権を売らない選択をして、放送し続ける放送事業者には、どの周波数（チャンネル）を割り当てるべきだろうか。この疑問に答えることが、FCCの周波数インセンティブ・オークションのためのマーケットデザインにおいて、いくつかの特に重要なイノベーションをもたらした。

　ある放送局のテレビ放送信号が、200マイル（約320km）先の家庭用アンテナでも受信できることを考慮すると、テレビ放送事業者へのチャンネル割り当ての問題は特に難しくなる。つまり、400マイル離れた2つの放送局の信号が干渉し合う可能性が出てくる。したがって、例えばニューヨーク市の放送局への周波数割り当ては、コネチカット州やニュージャージー州での割り当ての制約となり、それがさらに近隣都市の割り当ての制約となる。最終的にはそうした制約が米国本土全域に、さらにはカナダやメキシコにまでおよぶことになる。

　この複雑な相互作用を図1.8で表した。この図では、米国とカナダの地図上に各放送局の所在地にあたる点のつながりで表示している。2つの放送局に同じチャンネルを割り当てられない場合（通常は地理的に近すぎるという理由で）、2つのノードを1本の枝で結ぶ。クモの巣状のアークをみると、米国とカナダのほぼすべての放送局が、一連のアークによって少なくとも間接的につながっているのがわかる。チャンネル割り当てを決めるにあたって、孤立しているとみなせる放送局や地域はひとつもないのだ。それぞれのチャンネル割り当ては近隣放送局に割り当てられるチャン

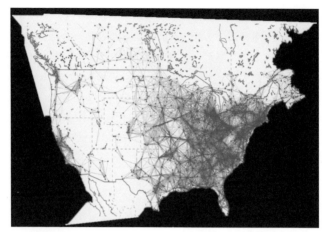

図1.8　米国のUHFテレビ放送局間に生じる、同一チャンネル干渉のつながりを表す地図。

ネルに依存し、その割り当てはさらにその近隣放送局に割り当てられるチャンネルに依存する、という関係がずっと続く。この干渉グラフはミシシッピ川の東側で特に密度が濃くなっている。またロサンゼルスとサンディエゴでは、メキシコの放送局を干渉から守る条約の要件からも制約を受ける。

　放送局へのチャンネル割り当てを最適化するという問題は、高速なコンピューターを使ってもきわめて難しい。実際、ある一連の放送局が放送し続けることが可能かどうかを確認する、つまり干渉が生じないように放送局にチャンネルを割り当てる方法があるかどうかを判断するだけでも、数学者が「グラフ彩色」問題と呼ぶのと同じ、難しい計算問題になる。この計算の難しさはマーケットデザインに影響する重要な要素なので、チャンネル割り当て問題とグラフ彩色の関連を検討しよう。

　数学では、グラフは「ノード」と「アーク」という2つの集合の組であり、それぞれのアークはそれがつなぐノードの組によっ

て識別される。この抽象的な数学概念がテレビチャンネル割り当て問題にどう当てはまるのかを理解するために、ここでは一時的に、割り当て上の制約が、利用可能なチャンネルの集合における制限と、「同一チャンネル制約」という制限しかないと考えよう。同一チャンネル制約は、互いに物理的に近すぎる2つの放送局に対して、同じチャンネルを割り当てられないと定めるものだ。

　米国のインセンティブ・オークションでの実際の同一チャンネル制約グラフは、図1.8で、米国本土とカナダ一部地域のおおまかな地図に重ねて表示されている。図中の点はそれぞれ放送局を表し、グラフでは「ノード」にあたる。それぞれの線分は、同一のテレビチャンネルを割り当てると、許容できないレベルの電波干渉が生じる放送局の組を表す「アーク」だ。数学のグラフ彩色問題では、「色の有限集合（ここで色はチャンネル18やチャンネル30などのテレビチャンネルにあたる）が与えられた場合、アークで結ばれたノードの組が同じ色にならないように、それぞれのノードに色を割り当てることは可能か」という問いを考える。グラフ彩色問題は、同一チャンネル制約のみを考えたチャンネル割り当て問題を厳密に説明する。ただし、現実の問題にはこれ以外にもさらにいくつかの制約があるが、本書では詳しく検討しない[6]。したがって実際の問題は、対応するグラフ彩色問題よりも複雑な構造をしている。

　このようにグラフ彩色の特徴づけが重要であるのは、ある種の計算の難しさを説明する、計算量理論（計算複雑性理論）という計算機科学の一分野での研究結果があるためだ。グラフ彩色問題は計算が難しく、そのことは理論的にも示せる。情報理論を学び始めたときに、プロセッサの速度が2年ごとに倍増し続けるというムーアの法則に感銘を受けたことがあれば、現時点ではまだコンピューターにとって簡単ではない計算問題でも、どれもすぐに

簡単になると予想するかもしれない。コンピューターの高速化を
しばらく待てばいい、そう考えるだろう。初学者がそう考える際
に考慮に入れていないのは、何の変哲もない計算問題の一部がど
れだけ難しいか、そして問題の規模とともにその難しさがいかに
素早く増大するかということだ。例えば、色の数が10種類（$C =$
10）、ノードがN個、アークがA本のグラフ彩色問題があり、す
べての制約を満たすようにノードに色を塗る方法があるかどうか
を知りたいとしよう。最初のノードに色を割り当てる方法は10
通りあり、そのそれぞれの方法について、2番目のノードに色を
割り当てる方法は10通りある、と考えていくと、ノードに色を
割り当てる方法には10^N通りの組み合わせがある。ムーアが自ら
の法則を初めて発表した1965年に、$N = 200$のこのグラフ彩色問
題を1日の計算時間で解くことが可能だったとしよう。コンピュ
ーター速度が2年おきに倍になってきたとすると、半世紀後の現
在、最新式のコンピューターは1965年のコンピューターの3300
万倍高速である。これはかなりの機能向上だ。しかしグラフ彩色
問題としていえば、それは1日の計算時間で$N = 207$か、かろう
じて$N = 208$の問題を解けるということでしかない。その問題の
サイズを考えると、確認すべき組み合わせの数が$N = 207$で1000
万倍、$N = 208$で1億倍になるからだ。実際の問題ではNは約
2400なので、たとえムーアの法則が今後も有効でも、この例で
生じる可能性すべてを1日だけで確認できるほどコンピューター
が高速化するには、4万年以上にわたるさらなる機能向上が必要
になる。

　以上の分析における仮定、つまり、それぞれのノードは別々に
確認される必要があることをおぼえている読者もいるかもしれな
い。ある種のサイズの大きい計算問題は、実はとても簡単だとい
う指摘もあるだろうが、それは正しい。重要ではない可能性の大

半を飛ばして、興味の対象となる選択肢の集合だけを直接狙うような、巧みなアルゴリズムを使えば、そうした問題を短時間で解けることはある。そうしたアルゴリズムがグラフ彩色問題には存在しないことを確かめるには、どうすればよいだろうか。

　その疑問への答えを左右するのが、計算機科学の一分野である計算量理論がもたらす、ある重大な結論だ。計算量理論では、クラスPという簡単な問題とクラスNP完全という難しい問題を区別できる。クラスPの場合、問題のサイズが比較的大きくても短時間で解を見つけることが保証されているアルゴリズムが存在するが、NP完全にはそうしたアルゴリズムが存在しない。グラフ彩色問題のクラスはNP完全だ。そして「P ≠ NP」であることは、計算機科学において標準的な仮説とされている。この仮説が正しければ、あらゆる計算アルゴリズムについて、そのアルゴリズムを混乱させ、問題のサイズのわりには計算時間をとてつもなく長くするような、NP完全クラスの問題がいくつか存在することになる[7]。この仮説が正しくても正しくなくても、グラフ彩色問題を含めたNP完全クラス問題を短時間で解けることがわかっているアルゴリズムはない。先ほどのムーアの法則の分析でわかるように、すべての既知のアルゴリズムは、問題のサイズが大きくなるにつれて計算時間が指数関数的に増加するからだ。チャンネル割り当て問題はとても難しい問題なのだ。

　米国とカナダは、周波数再配分問題に連携して対処することで合意に至っている。この２カ国にある約3000の放送局に関して、放送局へのテレビチャンネル割り当てを制限する論理的制約の数は約270万件になる。典型的な制約は、「放送局AをチャンネルXに割り当てることと、放送局BをチャンネルYに割り当てることを同時におこなうのは不可能である」と「放送局Aはチャンネル14からチャンネルZまでのどれか1つに必ず割り当てられなけ

ればならない」という2つの形式のいずれかをとる。そうした数多くの制約を受ける周波数資源の割り当ては、複雑な資源配分問題に、価格に基づいた市場という解決策を持ち込む場合に生じる問題点を示す良い例だといえる。新古典派経済学理論は、最適化問題のなかには市場参加者ばかりか、最速のコンピューターであっても難しすぎるものがあるという可能性を無視しているが、周波数の配分にはまさにそうした問題があることは既に見てきたとおりだ。空港の離着陸枠の最適な配分方法を割り出すという問題もまた、最速のコンピューターでも難しすぎる可能性があることは想像にかたくない。最適化が事実上不可能な状況での資源配分の指針として価格をどう使えるのかという研究は、これまでにないアプローチを必要とする新たな先端的分野だといえる。

　こうした課題を克服するために開発されたマーケットデザインには、既に説明したいくつかの要素がからんでいる。まず2012年に連邦議会は、それまであいまいだった、テレビ放送事業者が電波によるテレビ放送のために周波数を使用する権利を明確にする法律を制定した。これによれば、ある種類のテレビ放送事業者は干渉を増やさずに放送を続ける権利を有するが、必ずしもその時点で使用しているのと同じチャンネルで放送できるわけではないとされた[8]。わかりやすいように、仮にFCCが38から51までのチャンネルをテレビ放送用から除外して、該当の周波数をモバイルワイヤレスサービス用に使うことに決めたとしよう。その場合、チャンネル49を使用しているテレビ放送事業者は新たなブロードバンド利用の邪魔にならないように、自社の放送機材を再調整して、チャンネル22を使うよう求められる。この法律では、政府がテレビ放送事業者の再調整費用を法令で定められた総額まで支払うことや、再調整後に放送局が以前と同じ視聴者に放送を提供できるよう、政府が「あらゆる相応の努力」をおこなうことが

約束された。

　このようなテレビ放送事業者が有する権利の仕様は、市場をうまく運営するために不可欠な詳細条件だった。それはいくつかの点で、所有地が土地収用権の対象になった土地所有者の権利と類似している。この場合、適正な補償に相当するのは、別の放送チャンネルと、新たなチャンネルを使用するための放送機材の再調整費用の現金補償だ。

　この詳細条件の重要性を明確にするため、実際とは反対に、テレビ放送事業者が同じ特定チャンネルで放送し続ける権利を有すると考えよう。そうした仮説上のケースで、効率的な周波数再編成のために38から51までのチャンネルからすべての放送活動を一掃することが求められるならば、国中のあらゆる都市でそのうちの1つを使用しているテレビ放送事業者のすべてが、再割り当て失敗の原因になりうる。そのせいで、移行費用が法外に高くなるか、地理的にも周波数の面でもモバイルワイヤレスサービスに取り囲まれて放送する、「釘の家」にあたる放送局ができるか、いずれかになる可能性が高まる。そうした周波数の「釘の家」は、工学面でやっかいな問題を生み出し、莫大な価値を無駄にする。

　こうした資源配分に内在する複雑さは、マーケットデザインに別の重要な課題を突きつける。すなわち、市場ルールがあまりにも複雑なせいで、人々が参加を思いとどまる可能性があることだ。たとえ連邦議会が明確で有益な所有権を認めていても、放送局の所有者が、この文脈でのマーケットデザインには物事を混乱させる要素があると考えることになりかねない。テレビ放送事業者が、自らの局を売るためにオークションでの入札額を決めなければならない場合に、競売人がどの提示額を受け入れるかをどうやって決めているのか正確に理解している放送局は、あったとしてもわずかだろう。政府がどれか1つの放送局につける価値は、ほかの

すべての放送局の提示額に左右されるが、それだけとは限らない。高速コンピューターを使ってもとても難しく、市場が閉じた後でも、放送局の所有者が理解することはもちろん、検証することもできないような、複雑でわかりにくい計算にも依存している。そうした理解の不十分さを考慮した場合、放送局の所有者は交渉において、自分の放送局にどのくらいの価格を要求するべきだろうか。

　放送局がこの計算をおこなえないことは重要である。テレビ放送周波数の競争市場では、売りたいと考える所有者にとっての1つの放送局の価値は、実際の売値よりわずかだけ低くなるべきであり、売りたくない所有者にとっての価値は売値よりわずかだけ高くなるべきだからだ。ここからうかがえるのは、競争市場においては、オークション後に放送権に提示される価格は、その落札価格に近くなるということだ。要求すべき価格がわからない放送局の所有者にとっては、高い価格を要求するか、単にオークションに加わらないのが現実的な選択肢になるだろう。政府が、多くの周波数を確保するべく、放送事業者の大半が高額を求めずに参加することを期待するなら、放送局所有者がオークションに不安なく参加できるようにするという促進策を取る必要がある。インセンティブ・オークションにおける最も重要なイノベーションの1つが、このマーケットデザインをめぐる課題の解決だったということは、後で触れるつもりだ。

　インセンティブ・オークションと初期の周波数オークションとを分ける、新たな課題はほかにもある。以前のオークションでは、売りに出されるライセンスの数はつねに、政府という売り手が提供できる周波数の数に基づいて、前もって決められていた。対照的にインセンティブ・オークションでは、総取引量は売り手と買い手の両方の入札によって、つまり供給と需要によって決まる。

47

FCCの用語では、FCCがライセンスを新たなユーザーに売るオークションを「フォワード・オークション」、FCCが既存のユーザーからライセンスを買うオークションを「リバース・オークション」と呼んでいる。フォワード・オークションでは、eBayなどのオークションサイトやライブオークション会場と同じように提示価格が高くなっていくが、このことは後で説明する。一方でリバース・オークションでは、入札者は要求価格を下げることによって競うので、付け値は下がっていく。

インセンティブ・オークションにおける均衡取引量（訳注：回収され割り当てられる周波数）は、フォワード・オークションにおける携帯電話・携帯通信会社のモバイルブロードバンドライセンスに対する需要量と、リバース・オークションにおいて放送局から提示されるテレビ放送局ライセンスの供給量によって決まる。教科書どおりならば、需要曲線と供給曲線が交差する点、つまり買い手が買いたい数量と、売り手が売りたい数量が同じになる価格を探せば、需給均衡価格と均衡取引量が見つかる。しかしインセンティブ・オークションでは、話はそれほど簡単ではない。

1つめの問題は、供給曲線の計算だ。テレビ放送局が放送権を売れば、それだけで利用可能なモバイルブロードバンドライセンスが生成されるわけではない。生成されうるブロードバンド権の数は複雑な計算の結果であり、その入力には、購入される権利を持った放送局の全体集合が含まれる。特定の入札の組を使ってチャンネルを空けることが実現可能かどうかの判断でさえ、NP完全問題であり、したがって計算は困難をきわめる。供給曲線を割り出すにはもっと多くのことも求められる。一定数のブロードバンドライセンスを生成するのに十分な数のチャンネルを空けるための最小費用を決める必要があるのだ。

需要曲線の計算は、供給曲線と比べればまだ簡単だが、それで

も通常の教科書でいわれているよりは難しい。ここで問題になるのは、新しいブロードバンドライセンスの価格は1つだけではなく、大都市の商業地区を対象とするライセンスや、郊外地域を対象とするライセンス、さらに農村地域を対象とするライセンスなど、異なる地理的範囲のライセンスに対してさまざまな価格があるということだ。同じテレビチャンネルを全国的に空けるためには、それぞれの地域で同数のライセンスが売られなければならないが、それぞれのライセンスには異なる価格がつくだろう。そうした価格の総和は、売られる特定の周波数量に対する、買い手の入札額（「需要価格」）の合計にあたる。この価格は、買い取られるべきすべての放送権と、放送局の再調整の費用、そのほかのシステム費用をまかなうのに十分でなければならない。

　この本で考えるいくつかの例のなかで、インセンティブ・オークションの応用は最も複雑な例だ。そこには、異なる種類の財について多くの取引を協調的におこなう必要性に加え、新たなテレビチャンネル割り当てをめぐって別の補助的な意志決定をする必要性、意志決定の指針となる価格を導入することの重要性など、いくつもの要素が重なり合っているからだ。さらに、国の一地域で1つの放送局を保護しつつも、有益な再配分を妨げる力は与えないように、所有権の割り当てを慎重におこなう必要もあるし、気が遠くなるほど複雑な計算の問題などもある。

　最後にひとつ、多くの経済学者が強い関心を寄せている疑問がある。これが政府の問題であるのはなぜか、ということだ。既に説明したのと同じ権利をテレビ放送事業者に与えたうえで、オークションをおこなって、テレビ放送事業者が新たなチャンネルに移るよう要求することも含めた周波数再配分の独占的な権利を「周波数不動産開発業者」に売るというのではいけないのだろうか。結局のところ、古い都市の所有地を再編成しようとする再開

発業者は、民間当事者への対応ではしばしば大きな役割を果たしている。今回のような周波数再編成問題に、民間業者よりも政府機関を使うほうがよいというのには、何か説得力のある理由が存在するのだろうか。

　政府機関にインセンティブ・オークションを進めさせることの利点について、唯一にして最も説得力がある説明は、そのプロセスにきわめて多くの法的問題や政治的意志決定が関わっているという点だろう。新しいチャンネルに切り替えなければならないテレビ放送事業者の放送エリアに支障が出ないように「あらゆる相応の努力」をするというのは、何を意味するのだろうか。テレビ放送事業者が、例えば視聴者の0.5パーセントを失うとしたら、それは大きすぎる損失だろうか。テレビ放送事業者が新しいチャンネルで新規視聴者を獲得して、ある程度の利益を得る場合でも、この質問への答えは同じだろうか。こうした疑問への答えは、所有権や損益評価に影響を与える。政治や行政上のプロセスを通して、利害関係者からの声を拾い上げ、裁判所命令を待つという多大な犠牲を払うことなく彼らの利益を守る機会が得られることは大きな利点だ。周波数の権利の再割り当て方法は、テレビ放送事業者やワイヤレスサービス事業者以外の利害にも影響する。ワイヤレスシステムのアップリンク周波数とダウンリンク周波数を分離するために、またテレビ放送をワイヤレスサービスから分離するために使われる、保護周波数帯の幅や位置についても決定しなければならない。そうすれば、保護周波数帯を、ワイヤレスマイクや家庭用Wi-Fiシステムなどの低出力だがとても重宝する、ライセンスなしの用途に使用できる。公共政策上の理由としては、モバイルブロードバンド業界内での競争を促したり、一部の放送局（例えばマイノリティコミュニティー向けの放送局など）を保護したりすることも有益だろう。これらすべての理由から、周波

数の再編成においては、政府機関が民間業者よりも重大なメリットを持っているのである。

　この後は、本書でこれ以降どういった話をするのかを一通り紹介しよう。そして本章の末尾に、2016年のFCCのインセンティブ・オークションの全体的な構造とそのデザインの詳細の説明を、付録という形でつける。その付録ではオークションの最初の数ステージについても報告する。このオークションは、本稿が印刷に回された時点でまだ完了していない。

1.4 巨人の肩に立つ

　本書で展開するオークション・マーケットデザインの理論は、その知的根源を、1950年代と1960年代初期に始まった、3つの研究の流れに置いている。1つめは、ケネス・アローとレオ・ハーヴィッツが始めた、オークション型価格システムの安定性をテーマとする研究だ。その研究では分析手法のなかに代替財の役割をめぐる重要な考えを導入した。さらにその手法をアレクサンダー・ケルソとヴィンセント・クロフォードが新たな方向へと押し進めて、オークションに似た労働市場の研究をおこなった。2つめの重要な研究は、ウィリアム・ヴィックリーによる独自の論を基礎とするオークション理論研究だ。ヴィックリーの研究では、効率的な結果が促進されるように、参加者がオークションのプロセスで正直な行動をするようインセンティブを与える可能性を探った。3つめが、ジョージ・ダンツィクが始めた、きわめて難しい計算問題の近似解に注目した研究だ。こうした研究の流れすべてが、本書でのこれからの説明においてひとつに合流する。まずは、私が基礎としている考え方を明確にするために、これまでの研究

成果を専門的な視点から見直す。次に、そうした研究をどのように結びつければ、マーケットデザインの問題を解決し、新たな応用を目指せるかを示す。

　本書は、経済システムにおける価格、代替財、補完財の役割に焦点を当てるという、際だって経済学的なアプローチを取る。経済学者ではない多くの人々は、何らかの活動が有害とわかると、単にそれを禁止するのが賢明だと考えがちだが、それは大きな誤りになりかねない。活動はそれだけを切り離して選ぶものではないし、1つの活動を禁止した結果、ほかの活動が代替として同じ目的を達成しようとすることもありうる。さらに補完的な活動を止めてしまう可能性もある。規制案を評価するには、代わりのもの（「代替財」）の候補としてどんなものが考えられるのか、またそれを支えている活動（「補完財」）にどんな影響があるのかを検討する必要がある。例えば、石炭火力発電所からの排出ガスへの懸念は、そうした発電所の禁止の検討につながるが、その禁止措置が良い考えなのかどうかは、よりクリーンな天然ガス発電所や、汚染や危険性の可能性がある種類の発電所への置き換えや、電力使用量の削減によるカーボンオフセットがどこまで進むのかに左右される。こうした要素はすべて、代替財候補だ。そのような禁止措置を実施するべきかどうか、するならばいつ、どのように実施するべきかを評価するには、補完財に与える影響を考慮することも求められる。そこには、石炭鉱業やこの業界がもたらす仕事、そうした仕事の周辺に築かれるコミュニティーといった要素が含まれる。

　大半の経済学理論は、価格のみが効率的な経済的意志決定を導きうるという単純な経済モデルを扱うが、その結論が複雑なシステムにぴったり当てはまることはめったにない。本書の大部分では、タイトル（原題：*Discovering Prices*（価格の発見））からわか

るとおり、価格に導かれた意志決定の範囲について述べる。価格だけでは不十分であるようなほかの複雑な制約がある場合や、供給と需要の間の比較的緩い均衡では十分でない場合、価格はより大きなシステムの一部として効果的に機能できるだろうか。例えば、空港に飛んでくる飛行機を墜落させたくなければ、空域が混雑しそうな時間帯の価格を高くしておくだけにするよりは、航空管制官に飛行を追跡させ、パイロットを誘導させるほうが良いのは間違いない。

　市場価格だけでは安全で効率的な資源配分を導くのに十分でなくても、経済システムの分析にはやはり、経済学理論の鍵となる概念（代替財と補完財）が有益であることが多い。例えば空港のターミナルや滑走路の処理能力を計画するにあたって、1時間あたりの乗客数の観点から、ターミナルや滑走路がどれだけ対応できるかを検討するのは理にかなっている。たとえそうした単純化された概念では、空港が対応できるフライトに課せられる複雑な制約を十分に説明できなくてもだ。そして、乗客処理能力が同質なコモディティではなくても、乗客数に従って価格を設定すれば、処理能力の効率的な使用を促すのにいぜんとしてかなりの効果がある。同じように、周波数の配分の場合でも、電波干渉という制約はかなり複雑だが、ある都市にもう1つの放送局を組み込むには、同じ都市や近隣都市から放送局を1つ取り除けばうまくいくことが多い。そうした放送局は「近似的代替財」だといえる。そうした特質があるので、テレビチャンネルを放送局に割り当てるという問題はとてつもなく複雑だが、それぞれのチャンネルや放送局に価格を設定するのは、ほぼ効率的な解を求めるためのよい指針になりうる。

　補完財も分析において重要な要素になることがある。周波数を回収する場合に、異なる都市の放送局は補完財となる傾向がある。

価値が高い新たなブロードバンドライセンスを生成するには、国全体でチャンネルをさらに1つ空ける必要があり、それには異なる数都市のそれぞれでチャンネルをさらに1つ購入する必要があるからだ。補完財の市場は代替財の市場よりもずっと難しく、より念入りな計画と調整が必要になる可能性もある。同じように、ある時間帯にある空港からの離陸を予定するには、（この飛行機が利用可能になるように）それより前の時間帯に同じ空港への着陸を予定しておく必要がある。多くの現実的な制約は、そうした単純な補完性を示す。後から登場する1つのテーマは、代替を導くために市場ベースの価格を用いる方法を探すほうが、同じことをするにしても補完財が関わる意志決定のためより簡単であり、効果的だということだ。

　効率的な資源配分を導く価格が理論上は存在する場合でも、そうした価格を見つけるという現実的な問題は、やはり気が遠くなるほど難しいことがある。任意の資源に適切な価格を設定するのに必要な情報は通常、その資源に対して数多く存在する供給者と需要者の間に分散しており、それぞれが持つ情報は個別に保持されている。シカゴへの着陸時間を理想よりも1時間早くすることで航空会社が受ける損失の大きさは、その航空会社しか知らない。放送局が電波による放送チャンネルを手放して、ケーブルテレビ放送や衛星放送、インターネット配信、近隣放送局とのチャンネル共有契約などの別の技術を使う場合に、以前からの視聴者にどの程度効果的に放送を提供できるかは、そのテレビ放送事業者しか知らない。

　多くの場合、そうした価格を見つけるのに最善の方法は、何らかのオークションである。本書では、価格がどのように発見されて、資源配分を導くのに使われうるのかを説明するために、オークションなどの入札ベースのメカニズムを検討していく。

　既に説明したように、財が代替財か、それに近い場合には、オークションが最も効率的だ。次の章では、これまで考えてきた基礎をもとに、財が代替財である場合に価格がオークションによってどう決まるかについての理論を説明する。第2章で検討するのは、2つの角度からみた代替財だ。すなわち厳密な代替財を、アロー＝ハーヴィッツ理論と、それに密接に関係するケルソ＝クロフォードの労働市場理論において扱う。アロー＝ハーヴィッツ理論では、財は分割可能と仮定されている。一方ケルソ＝クロフォード理論では、労働者は1つの会社のためだけに働くことができる、つまり「分割不可能」であると考える。さらに、ナップサック問題と、ダンツィクの「貪欲」近似アルゴリズム（貪欲法）についても考える。こちらの場合には、財は分割可能な場合にのみ代替財となる。代替財の側面を強調するオークションでは、意志決定をうまく導くような価格が生成される。

　第3章ではオークション理論の基礎に戻り、ヴィックリー・オークションについて、特に財が代替財であるケースに注目して詳しく考える。一般的なケースでは、ヴィックリー・オークションをほかと区別する特徴は、効率的な結果を選択すること、そして耐戦略的であることだ。代替財の場合、ヴィックリー・オークションでは、購入する品物への競売人の支払額がそれほど多くならないような、適切な意味で「競争的な」価格も見つかる。4章ではこうした考えを拡張して、ヴィックリー・オークションで求められる計算があまりに難しいケースを扱う。具体的には、2016年に実施されたFCCのインセンティブ・オークションの設計において、計算やインセンティブ、投資をめぐる考えがどのようにまとめられたかを考える。5章では、それまでの内容をまとめ、いくつかの新しい応用例や、私の分析から浮かび上がった新たな疑問を提示する。

付録
FCCインセンティブ・オークションのレポート

FCCのインセンティブ・オークションは2016年3月29日午後6時（東部標準時）に開始された。この時間は、オークションへの参加を希望するテレビ放送事業者が、そのオークションで提示される開始価格と引き換えに自分の周波数権を放棄することについて、法的拘束力のあるコミットメントをおこなう最終期限だった。

このインセンティブ・オークションの主なステップは次のとおりだ。

A1. テレビ放送事業者の初期コミットメント

1章では、UHFテレビ放送局の所有者が自らの権利をすべて放棄して、電波による放送を中止し、引き換えに現金の支払いを受けるというオプションだけを考えた。しかし実際のオークションでは、テレビ放送事業者には、放送権の放棄にあたってほかにも複数のオプションがあった。UHFテレビ放送局はUHFライセンスを放棄する代わりに、現金を受け取ると同時に、さらに同じ場所でのVHF帯の「高い」部分（高VHF帯）か「低い」部分（低VHF帯）のいずれかのライセンスを手に入れることができた。一方、既存の高／低VHF帯放送局は、元UHF局が参入する場所

を空けるため、オークションで自分の権利の譲渡を提示できた。後で説明するオークションシステムでは、開始価格を高くつけておき、競争によって、その開始価格をそれほど高くない競争的なレベルに下げていくようになっていた。

　それぞれのテレビ放送事業者は初期コミットメントをする前に、FCCがオプションごとに提示した開始価格を検討し、受け入れられるオプションが（もしあるなら）どれかを判断した。開始価格は、テレビ放送事業者の参加を促すために高めに設定されており、競売人が放送局の価値として考えていたものを大きく上回るものだった。

　詳細について。それぞれの放送局の開始価格は、その放送局の価値指数に比例するよう価格を定める公式を使って決定された。Xを放送局の放送エリア内の人口、Yをその放送局が電波干渉を引き起こす可能性のある放送局の数とすると、放送局の価値指数は$\sqrt{XY}$に等しくなった。計算にXを含めることでFCCは人口密集地の放送局の提示価格を高くし、そうすることでそうした放送局の参加を促進でき、取引の実施が妨げられるほど費用が高くなることもない。一方でYを含めたのは、新しいチャンネル割り当てに含めるのが特に難しい放送局をなくすことを優先するためだ。放送を中止することに合意したテレビ放送事業者の開始価格の合計は、1200億ドルという驚くような額になった。一方、高VHF帯か低VHF帯での放送に切り替えるオプションの開始価格は、放送を中止するオプションの開始価格のそれぞれ40パーセントと75パーセントにとどまった。

　2から13までの放送チャンネルからなるVHF帯は、UHF帯よりも低い周波数を使用しており、一般的にはUHF帯よりもテレビ放送用としては望ましくないとみなされている。このオークションでは低VHF帯と高VHF帯に異なる価格を提示した。また、

既存のVHF帯放送事業者もオークションに参加できた。高VHF帯の放送事業者は、現金のみ、または現金と低VHFチャンネルの使用ライセンスの両方を受け取る代わりに、自分たちの放送権の放棄を提示できた。一方、低VHF帯の放送事業者は、現金と引き換えに放送権の放棄を提示できた。

A2. 第1ステージの周波数回収目標の設定

　インセンティブ・オークションでおこなう作業の1つが、UHFテレビ放送局用に残すべきチャンネル数と、モバイルブロードバンド用に転用すべきチャンネル数を決めることだった。後でもっと詳しく説明するが、このオークションのプロセスでは最初に、空けられる可能性があるチャンネルの最大数に等しい、かなり高い数値目標を設定した。このチャンネル数は、必要があれば、その後のステージで減らすことになっていた。プロセスをどこから開始するか決めるために、FCCは初期コミットメントの情報を用いた。参加する放送事業者すべてからの提示額を最終的に受け入れた場合に、ほぼ全国レベルでモバイルブロードバンドに利用できる可能性のあるチャンネルの最大数を計算した結果、FCCは放送周波数を126MHz分空けられる可能性があると判断した。これは21のUHFテレビチャンネル分にあたる。

　この計算によって、初期の周波数回収目標が決まり、地上波のUHFテレビ放送に使用できるチャンネルはこれまでより21減ることになった。一方で、ブロードバンド接続事業者への販売を提示できる周波数もやや少なくなった。アップリンク周波数とダウンリンク周波数の間や、テレビ放送用とモバイルブロードバンドサービス用の間、さらにチャンネル37（電波天文学および遠隔

医療用に確保されているチャンネル）の前後に保護周波数帯を設定するために必要な帯域幅を引き去った結果、モバイルブロードバンド用に残る周波数は100MHz分になった。

詳細について。実際の目標設定に関わる最適化というのは微妙な問題だ。国内のあらゆる場所で同じ周波数が利用可能であれば理想的だが、そうした目標を制約として課すのは制限が大きすぎるだろう。例えば、メキシコ国境沿いで実行されている条約による制約は特に損失が大きく、人口がとても多いサンディエゴ地域での多数のチャンネルの回収を大幅に制限するものになっている。ほかの地域では、保護周波数帯内の周波数を使用しているテレビ放送局に放送権を思慮深く割り当てて、ブロードバンドサービスへの減損を小さくすることで、完璧に近い回収が達成できる。このオークションは、売却されるライセンスにおける減損の量が小さくなるように設計されている。大幅な減損を受けるとみなされるライセンスは別の商品とされ、低い価格で売却された。実際の計算では、サンディエゴ地域の初期回収目標には、ブロードバンド向けの周波数が50MHz分しかなかった。売りに出されたブロードバンドライセンスのうち、保護周波数帯内のテレビ放送によって生じる減損の影響がおよんだのは、米国の人口の1パーセント未満だった。

A3. リバース・オークションへの入札

初期回収目標が設定されると、テレビ放送権を購入するリバース・オークションが始められるようになった。米国の一部地域では、自らの権利を譲渡したい放送局の数が、回収目標の達成に必要な数より多かった。このリバース・オークションは競り下げ式

オークションであり、政府が目下の回収目標を満たすのにそうした権利を獲得する必要がないうちは、権利を譲渡したい放送局は放送権の提示価格を連続的に下げていきながら、複数ラウンドで互いに競った。ある放送局の価格は、その放送局を獲得しなければ回収目標を達成できなくなった時点で、それ以上下がらなくなった。したがって原理上は、個々の放送局が異なる価格を持つ可能性があった。

　このリバース・オークションの第1ラウンドは2016年5月31日に実施された。この回収目標でのオークションが終了した段階で、初期回収目標分を達成するために全放送局に提示された価格の合計は864億2000万ドルだった。開始価格からは下がったが、それでも莫大な金額だ。オークションのその後のステージで回収目標を下げれば、オークションが終わる前に価格はもっと低くなる。**詳細について。**周波数の初期回収目標は、すべての参加放送局の入札を使用して回収されるチャンネルの最大数と等しくなるように設定される。国内の一部地域では、目標達成に必要とされる数以上の入札がある可能性が高いものの、権利の放棄を申し出るすべての放送局から実際に権利を購入することによってのみ、競売人が目標を達成できるという地域も確実に出てくる。そうした地域では、放送局は競争にさらされないので、高い開始価格から価格が下がらない。そうした地域が多ければ、第1ステージのリバース・オークション入札は、多くの放送局がそれぞれの開始価格を提示した段階で終了するだろう。

A4. フォワード・オークションへの入札

　フォワード・オークションでは、モバイルブロードバンド事業

者が、周波数帯内の特定周波数を使用するライセンスを獲得するために競り合う。テレビ放送用の各ライセンスには、放送機器によって放送を提供できる地域全体で6MHz幅の特定周波数で放送する権利が含まれていたが、モバイルブロードバンドライセンスはそれとかなり異なっていた。各ライセンスには、特定周波数において、アップリンク信号で5MHz、ダウンリンク信号で5MHz、つまり各ライセンスが合計10MHzの帯域幅を使う権利がともなっていた。またこのオークションでは、米国が416の「部分経済区域」（PEA）に分割された。これは、一部の初期のオークションでのライセンスに使われていた、従来の「経済区域」より狭い地理的区域である。それぞれのPEAでは、各ライセンスがカテゴリー1とカテゴリー2のいずれかに指定された。カテゴリー1ライセンスの条件は、（一部テレビ放送との干渉のせいで）、そのライセンスでサービスを提供できないエリアに住む人口が、そのPEAの人口の15パーセントを超えないことだ。このオークションで売り出されたライセンスの約97パーセントがカテゴリー1だった。その約99パーセントでは減損がゼロであり、PEA内の住民の100パーセントがサービスを受けられることを意味した。残りのライセンスがカテゴリー2に指定される。フォワード・オークションにおいて入札者が入札したのは、特定のライセンスではなく、「商品」、つまりPEAとカテゴリーによって表されるライセンスのグループだった。

　フォワード・オークションとリバース・オークションを並行して実施することは、原理的には可能だった。しかし現実的には、FCCにかかる運営上の要求が大きすぎた。職員らは、フォワード・オークションとリバース・オークションの管理と監視をおこないながら、入札者向けにソフトウェアの使用法のセミナーを実施したり、入札者からの多数の問い合わせに回答したりする必要

があった。さらに、登録やセキュリティ、入札のための数多くのシステムがすべて適切に作動していることを確認する仕事もあった。ひどく複雑なオークションのためにそうした作業すべてをこなし、まったく異なる2組のルールの間で注意を切り替えるのは、あまりにも大変なことだっただろう。フォワード・オークションはリバース・オークションが終了して初めて開始された。フォワード・オークションの入札は2016年8月16日に始まった。

　フォワード・オークションは連続するラウンドの形で実施された。それは競売人がそれぞれの商品について異なる価格を指定し、入札者は必要とする数量を言うことによって応札する「時計オークション」だった。どの商品でも需要が供給を超えると価格が上がり、入札者は、需要が供給を下回るほど大幅に自らの需要量を減らすことはできない。フォワード・オークションは、すべての商品で超過需要がなくなった時点で終了する。

　このオークション構造は、19世紀のフランスの経済学者レオン・ワルラスが「模索過程」（タトヌマン）と呼んだものに似ている。模索過程では、価格は商品ごとに、その需要が供給を上回るか下回るかに応じて上昇するか下降するとされる。この構造とワルラスの模索過程との最も大きな違いは、入札者の希望数量を制限する制約があることだ。以下に、そうした入札者への制約をまとめる。

　　第一に、入札者はその時点で値上がりしていない商品への需要量を減らしてはいけない。この制約は、それぞれの商品への入札が真剣なものであることを保証するのに役立ち、オークションの誠実さに寄与する。しかし後の章で詳しく説明していくが、このルールは、異なるライセンスを代替財とみなさない入札者による、正直な入札を妨げる可能性がある。

第二に、入札者はラウンドごとに全体的な活動を増やしてはいけないことだ（「活動ルール」）。これによって、入札者が真剣な応札をおこなう前に何もせずに価格の動きを様子見しようとする戦略は排除されるので、少なくとも初期のラウンドでは、オークションが少しずつではあっても前進することがある程度保証される[9]。

　第三に、オークションの第1ラウンドにおける入札者の全活動は、入札者が前払いする預託金によって制限される。預託金の前払いには、入札者が入札した価格を最終的に支払い、そうしなければ支払った預託金の没収も含めた制裁を受けるようにするという役割がある。

詳細について。オークションにかけられる商品やサービスの設計は、オークションの経済学理論で最も軽視されている問題の1つであり、このケースでのFCCの選択は、少なくとも一部の問題については示唆に富んでいる。PEAを範囲とするライセンスは、利害関係者からのコメントに基づいた妥協案として採用された。企業の中でも、特に地方の電話会社は、都市そのものに対応した周波数を買わなくても、都市を取り囲む地域でのサービスを向上させられるライセンスへの入札を希望していた。比較的小さなPEAであればそれが可能になる。しかし従来のライセンスの一部は、より大きな「経済区域」を対象として販売されており、既存区域でのサービスを強化したい企業もあったため、PEAを定義するにあたっては、1つの大きな経済区域にサービスを提供できるように複数のPEAを組み合わせることを可能にしておく必要があった。

　このオークションにおける重要なイノベーションが、「条件付き留保価格」だ。後から詳しく説明するように、このオークショ

ンを成功させるためには、FCCはフォワード・オークションで、リバース・オークションにかかった費用をまかなえるだけの収入をあげる必要があった。しかしFCCは同時に、特に大きな既存企業がこの高品質の周波数帯をほぼすべて取得することによって、競争を無にしてしまう事態を防ぎたかった。解決法となったのが、条件付き留保価格ルールだ。このルールでは、フォワード・オークションがある収入のしきい値を満たすまで、全入札者は同じ条件で入札する。その後は「留保価格を満たした入札者」があるPEAでライセンスを取得するために入札していれば、そうしたライセンスの一部は、そのPEAにおける既存企業による取得の対象外になる。それらはオークションの新たな商品になって、留保価格の条件を満たした入札者のみが入札可能になる。このルールの意図は、既存企業がワイヤレス市場の競争を無にすることを許さず、競争によって十分な収入があがるようにすることだった。

　AT&Tのコンサルタントは、このオークションのルールについてのコメントで、特定の種類の組み合わせ入札の導入を提案した。本書の後の章で説明するヴィックリー・オークションは組み合わせオークションである。一方で、売りに出される商品が代替財ではない場合には特に、ほかの設計も魅力的だろう。インセンティブ・オークションでは、代替財の条件が厳密には有効でない可能性があるものの、近似的には有効であると考えるだけの理由はあるし、その条件がまったく有効ではないという証拠はない。そのため、新たな複雑な組み合わせ設計を支持する論拠は弱すぎて、意志決定者に影響を与えられなかった。

　導入された1つのイノベーションが、「ラウンド内入札」の使用だ。ラウンド内入札なしの複数ラウンドオークションでは、直前ラウンドの後に発表された価格Pである商品を4ユニット要求していた入札者が、次のラウンドで価格が5パーセント高ければ、

自分の需要量を2ユニットに減らしたいと指定するかもしれない。ラウンド内入札があれば、その入札者はラウンド中に何らかの中間的な価格で、需要量を減らしたいと指定することができる。例えばその入札者は、価格が2パーセント上昇した場合には需要量を3ユニットに減らし、価格が4パーセント上昇した場合には2ユニットに減らすかもしれない。概念上は、このオークションアルゴリズムは、それぞれの商品について需要量が供給量とちょうど等しいところまで減少したときに価格の上昇を止める。とはいえ、実際の価格設定アルゴリズムにはもっと細かい要素がある。ある商品への需要量を減らした入札者には、別の商品への需要量を増やす資格があるかもしれないからだ。

A5. 最終ステージルールと追加ステージ

回収目標が設定されて、リバース・オークションとフォワード・オークションが完了すると、収入と費用の比較をおこなう。フォワード・オークションの収入が絶対的基準の最低額を満たしていて、リバース・オークションで決定したとおりに放送事業者を立ち退かせる費用を払うのに十分な額なら、手続き全体が終了する。この判断は「最終ステージルール」と呼ばれる。

一方で収入が不十分なら、周波数の回収目標を下げたうえで次のステージを開始する。実際には、初期回収目標は21チャンネル（PEAごとに10件、帯域幅では合計100MHz分のライセンスがフォワード・オークションの対象）だった。第2ステージが必要になる場合、実際のFCCオークションの第2ステージ向け回収目標は19チャンネル（90MHz幅のライセンスがフォワード・オークションの対象）とされる。その後のステージでは回収目標

がさらに低くなる。

　新しいステージでは、その前のステージが終わった時点の価格と配分から始まる。第1ステージの価格は、FCCが21チャンネルを回収するのに十分な数の放送権を取得できる価格だが、それ以降のステージでは、FCCはそこまで多くの放送局をなくす必要がなくなるので、FCCは低い価格を提示できる。価格がより安く、購入する放送局が少なくなれば、費用は2つの方法で削減されることになる。一方フォワード・オークションでは、供給は減少するが、価格は上昇し続ける。

A6. 延長ラウンド

　何らかの周波数回収目標を設定したうえでのフォワード・オークションの入札が終わった時点での価格が、例えば20パーセント未満の小さな差で、収入目標に届かないこともありうる。もしかするとこのステージの落札者は、価格を上げ、ライセンス数を減らした条件で新たなステージを実施するよりも、現在のステージで回収目標を達成するように落札価格を上げるほうがよいと考えるかもしれない。もう1ステージおこなっても、価格はいずれにしても上がり、売りに出される周波数帯の量は減る。この「延長ラウンド」と呼ばれる追加の時計オークションラウンドでは、需給均衡を達成するために価格を最大20パーセント上げることができる。価格が上がった場合に、入札者がその時点での希望ライセンス数で入札し続けることを選べば、現在のステージが最終ステージになり、その時点の回収周波数目標が達成される。

A7. 割当ラウンド

　最終ステージルールが満たされ、リバース・オークションとフォワード・オークションの落札者が決まった時点では、最終的な配分はまだ完全には決まっていない。主な理由は、各カテゴリーのライセンスでは、ワイヤレスブロードバンド会社が使用する実際の周波数を細かく指定していないからだ。そうした割り当てについて入札者に選好があるかもしれない。例えば、効率的なネットワークオペレーションを実現させるには、通信会社が1つのPEA内に所有する複数のライセンスは、隣接する周波数上にあるべきだ。さらに、1つの通信会社が隣接するPEAに同じ周波数を持っていることも効率性につながる。また通信会社が高調波の発生を懸念し、システムが非隣接周波数で稼働しているという理由で特定の周波数を選好するケースもある。

　こうした選好はすべて割当ラウンドで検討される。割当ラウンドでは、各PEAで既に決定している落札者がそのPEAで取得したい周波数の組み合わせに入札し、そのラウンドを繰り返す。割当ルールでは、それぞれの落札者が各地域内で隣接周波数を割り当てられることが保証されている。割当ラウンドでの入札が周波数の最終配分を決めるが、これはオークションの別のラウンドで決定された最終商品的な割り当てと整合性がある。

　リバース・オークションの後にも、放送事業者の割り当てを決めるのに必要な作業がある。リバース・オークションで使われるアルゴリズムは、残っている放送局をチャンネルへ割り当てる実行可能な方法が存在することを保証するにすぎない。そのため、オークション後にはやはり、チャンネルへの放送局の最善の割り

当てを決める必要がある。そうした割り当てで主に目指すのは、例えば一部の放送局がオークション以前のチャンネルで放送を継続できるようにするといった方法で、放送局の再調整費用を最小化することだ。

　本稿が印刷に回される時点で、FCCのインセンティブ・オークションは第2ステージまで完了しており、周波数の回収目標は放送周波数126MHzとワイヤレス周波数100MHzから、放送周波数114MHzとワイヤレス周波数90MHzまで下げられている。オークション終了までに数ステージが実施され、回収目標はさらに下げられるだろう。

　こうしたインセンティブ・オークションについての説明から浮かび上がるのは、標準的な経済モデルと、実際のオークション・マーケットデザインには隔たりがあることだ。そしてこの章の中心テーマである、個別商品はそれぞれまったく異なっている可能性があるということは、これまでの説明の数カ所にあらわれている。

　● モバイルブロードバンドライセンス売却のためのフォワード・オークションでは、商品は、干渉の影響がおよぶ範囲が人口の15パーセントを上回るかどうかに応じて、2つのカテゴリーに分けられる。干渉の程度が厳密に同じになるように商品を変更しようとしていないことに注意してほしい。割当ラウンドが組み込まれ、入札者がカテゴリー内の個々のライセンスの価格を変更できるようにしているのは、1つにはこの点に対処するためだ。しかし割当ラウンドにはそれ以上の意味がある。同じ領域を対象とする2組のライセンスで干渉の程度にほとんど差がない場合でも、入札者がそうしたライセンスにつける価値はやはり、隣接周波数を使用している

かどうか、隣接領域にある入札者のライセンスと同じ周波数を使っているかどうか、そして高調波によって、同じ入札者が運用する離れた周波数の効果的な使用を妨げるかどうかといった点によって決まる。

• リバース・オークションでは、あらゆる放送局が独自のものとして扱われる。それぞれの放送局には独自の価格があり、その価格は放送局の特徴や、ほかの放送事業者と干渉しないようにその放送局にチャンネルを割り当てるための複雑な計算に基づいている。

　FCCの周波数オークションの設計においてあまり知られていないのは、商品設計の決定（つまりオークションでの「競売品」）であり、これは経済学理論では言及されることさえめったにない。こうした決定が上記の説明で表に出てこないのは、プロセスが始まった時点で商品は既に定義されているからだ。以下では、インセンティブ・オークションの文脈でおこなわれる、そうした決定の例を2つあげる。

• フォワード・オークションで売却対象になるブロードバンドライセンスは、デバイスから基地局へのアップリンク信号用周波数と、デバイスへのダウンリンク周波数の2つが提供される「ペアライセンス」である。この構造は、「周波数分割複信」（FDD）方式によるワイヤレステクノロジーでの利用には理想的だが、「時分割複信」（TDD）方式のテクノロジーではそうではない。TDD方式は、アップリンクとダウンリンクのメッセージを高速で切り替えてやり取りする方式で、中国と日本で使われている。離れた周波数帯を必要とすることも活用することもない。2009年の英国のＬバン

ド（1452 〜 1492 MHz）オークションでは、FDD方式と
TDD方式の競争の可能性を組み込んだため、オークション
設計がさらに複雑になった。

- リバース・オークションでは、UHF局が補償を受けるな
らば、現金であれ、現金とVHFライセンスの組み合わせで
あれ、放送権を完全に放棄しなければならない。代替案とし
て考えられるのは、競売人が放送事業者から権利を部分的に
買い取れるようにすることだろう。例えば干渉のない自局の
放送エリアの縮小を受け入れることで、補償を受けるように
する。この代替案が却下された理由はいくつかあるが、入札
者にとって複雑になることや、計算がより一層複雑になるこ
とがあげられる。

2章
（近）代替財、価格、安定性

　経済学の理論は数学的に定式化される。それは原始的な概念（ほかの概念によって定義されない概念）を明示的に列挙し、それらを表現する記法を導入し、その記法を使って理論の仮定を正確に記し、最終的にいくつかの論理的な含意を導き出す。本書で提示する新たなアイデアは、その意味で定式化された経済学理論だ。この新たな理論を文脈のなかでとらえるために、それ以前の理論もいくつか振り返るが、完全な詳細は割愛し、解釈をめぐる話が中心になる。省略した詳細な説明を知りたい場合は、標準的な経済学の教科書を読むことをお勧めする。

　新古典派均衡理論は、私たちの新たな学説の最も重要な出発点である。その理論は、資源の効率的な配分を支えるのに需給均衡価格が果たす役割を重視している。その仮定のなかでも特に重要なのが、それぞれの消費者は自分の個人的な消費にしか関心がないことと、それぞれの企業の生産高は使用する資源によってのみ制限されることだ。新古典派均衡理論の主要な知見をまとめると、以下の3つの定理になる。

- 「厚生経済学の第一基本定理」は、競争均衡における任意の資源配分はパレート効率的だと主張する。これは、ある消費者にとってこの配分よりも望ましい実行可能な配分は、だれか別の消費者にとっては望ましくないことを意味する。経

済学の標準に従って、本書では単に「効率的」(efficient) という場合、「パレート効率的」を意味する。

● 「競争均衡の存在定理」は、競争均衡の結果が存在すると保証できる十分条件を明確にする。ここではその条件を詳しく説明しないが、私たちのモデルを使って、対象とする問題にとってよりふさわしい別の仮定の下で、同様の結論が有効かどうかを後に確認する。

● 厚生経済学の第二基本定理は、競争均衡の存在定理が成立するのと同じ条件の下で、任意の効率的配分は財産権の適切な配分を通じて、競争均衡として実現できると主張する。

こうしたよく知られる定理は、アダム・スミスが1776年刊行の古典的な著書『国富論』で初めて定式化せずに初めて提示した中心的な考えの一部に対して、見事に定式化された説明を与えている。スミスの著書の背景には、封建制度の衰退にともない、労働者を管理する領主が姿を消しつつあるなか、作物の植え付けをすべきか、馬に蹄鉄を着けるべきか、服を仕立てるべきかをいったいだれが判断するのかが問題になったことがスミスの著書の背景にある。存在定理では、適正な価格が見つかれば、それぞれの種類の商品が、需要をちょうど満たすのに十分な量だけ供給されるとする。厚生経済学の第一基本定理はさらに、価格を見つけられるならパレート効率的な結果が得られるとする。これは、配分がきわめて具体的な意味で非浪費的だという意味だ。つまり、ある消費者が選好するほかの実行可能な配分に対して、それを選好しない別の消費者が必ず存在する。すべての消費者がより満足するように、生産や分配を再調整することは不可能なのである。また厚生経済学の第二基本定理は、分配や公平性に基づいて市場均衡とは別の効率的な結果を実現したい場合には、消費者の財産権

の配分を再調整したうえで、新たな市場均衡の結果と望ましい効率的な結果を一致させることが、概念上は可能だとする。

　こうした定理では多くのことが得られるが、解決されないままにされていることも多い。分権的な経済システムで競争均衡価格が広まるかどうかについては言っていないし、競争均衡価格が一意に存在するとさえ言っていない。多くの需給均衡価格が存在するならば、この理論で得られる予測はそれに応じて弱いものになる。

　アダム・スミスが最初に提唱したメカニズムは、その後大きな理論として発展した。そのスミスの考えを現代的な用語で表せば、ある財に対する供給より需要が多ければ、生産者がその財を値上げできることに気づき、このため、需要が減少すると当時に、多くの財を作ろうという生産者の意欲を高める傾向があるということだ。しかし、1つの財の価格を変えると別の財の需要にも影響する可能性があるので、この動的なプロセスがどう展開するかはそれほど明確ではない。そのプロセスは、すべての市場を均衡に到達させる価格の出現につながるのだろうか。そうした一意的な価格ベクトルが存在するのだろうか。レオン・ワルラスは、1874年に初めて刊行された著書『純粋経済学要論』で、競争均衡理論の主な問題を定式化した。ワルラスの分析に含まれていたのが、彼が「模索過程」と呼んだ手続きだ。そのなかでは、「需要過剰」の財、つまり需要から供給を引いた値が正になる財の価格は上昇し、「供給過剰」の財（需要から供給を引いた値が負になる財）の価格は下落するとされた。

　1959年に、ケネス・アローとレオ・ハーヴィッツはこの課題を大きく前進させる重要な貢献をおこなった。2人が研究したのは、財が「粗代替財」である場合、つまりある財の価格の上昇によって、別の財の需要が決して減少しない場合についてだった。その場合には一意的な競争均衡価格ベクトルが存在すること、そ

して初期価格に関係なく、ワルラスの模索過程の価格調整手続きによって、価格は最終的にこの需給均衡価格に収束することを、アローらは示した。

マーケットデザイン問題の目的は、経済におけるすべての財に価格を設定することではなく、市場が作られようとしている財だけに対して価格を設定することだ。そうした問題にとって、アロー＝ハーヴィッツの分析は文脈をあまりにも幅広く設定しすぎており、ワルラスの模索過程のアイデアは、範囲を絞って、大多数の財の価格はそのままにしておいて、一部の財だけに対するオークション手続きに置き換える必要がある。後でモデル化するオークションでは、出品される財の価格は、それぞれに超過需要が生じるほど十分に低い金額から始まる。直観的には、ある財に超過需要がある場合、価格は競り上げられると考えられるので、モデルでは、その場合の価格はワルラスの模索過程と同様に増加すると仮定する。

2.1 新古典派モデルにおける代替財と価格、安定性

既に説明したように、私がここで扱う話の中心はマーケットデザインなので、オリジナルのアロー＝ハーヴィッツモデルの一部の側面、すなわちすべての財の価格が変化しうること、そしてすべての財が代替財であるという点を取り除く。この代償として、一意な需給均衡価格が存在するという結論は失われる。それでも多くの結論は残るし、アローとハーヴィッツが導入した考え方は図2.1で示すとおり、オークション分析に重要な影響を与える。

図2.1は、1つの財（「価値基準財」または「ニュメレール」と呼ばれる）が特別な役割を果たしている仮想的な世界を表す。価

値基準財は、価格を表すための単位として用いられる。例えば、価格は金の重さであるオンスや、小麦の量であるブッシェルで表される。グラフを扱いやすくするために、私たちの仮想的な世界では、価値基準財以外に財1と財2の2つの財だけを考えよう。原始的経済であれば、この2つは小麦とトウモロコシかもしれない。もっと進んだ経済なら、異なる周波数を持つ多数の周波数帯だ。2つの財の図で示した論理は、どれだけ多くの財がある場合にも拡張できる。私は後で、それぞれの財の正味需要（訳注：需要から供給を差し引いたもので「超過需要」ともいう）が両方の価格に依存できるようにする。例えば、小麦の価格が値上がりしたら、消費者は小麦を買う量を減らして、トウモロコシを買う量を増やすかもしれない。しかし私は、厳密な意味での「需要法則」が適用されると仮定する。つまりそれぞれの財の正味需要は、その財の価格が上昇すると減少するということだ。そういうことが起こるのは、小麦の価格上昇がきっかけとなって、買い手が小麦を買い控えるか、売り手が供給を増やすか、あるいはその両方が起こるからだ。

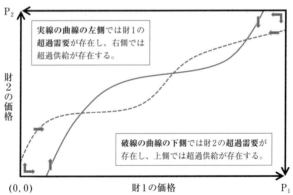

図2.1　財が「粗代替財」の場合、オークションダイナミクスは（0, 0）から低価格競争均衡に価格を上昇させるか、（P_1, P_2）から高価格競争均衡に価格を下落させる。

　図2.1では、縦軸と横軸で2つの財の価格を表す。この図には2つの曲線がある。実線は、財1の需要と供給が等しくなるような2つの価格の組み合わせを表す。財1の正味需要は財1の価格が上昇するにつれて厳密に減少していくので、実線の右側にある点では財1は超過供給、左側にある点では超過需要の状態にある（訳注：横軸が財1の価格を表しているので、グラフ上で右側の点に移動することは、財1の価格を上昇させることを意味する）。この図には、超過需要と超過供給の境界をなす曲線上では正味需要が厳密にゼロであるという仮定を組み込んである。

　破線の曲線も同じように解釈できる。破線の下側にある点では、財2が超過需要の状態にある。一方、上側では超過供給の状態だ。単純化のために、両方の曲線はそれぞれ連続的だと仮定する。

　この分析では、需要法則以外に、2本の曲線の境界と形状を制限する3つの仮定を追加する。1つめは、1つの価格がゼロに十分近い場合、価格が低い財の超過需要があることだ。したがって、実線の曲線は正の価格で横軸にぶつかり、破線の曲線は正の価格で縦軸にぶつかる。2つめは、それぞれの財がグラフ上での最大価格にある場合、その財はとても高値なため供給過剰があることだ。価値基準財を単位とする価格が十分に高くなると、買い手が購入をやめるか、売り手が供給を増やすからだ。そのため実線の曲線はグラフの上方の境界に、破線の曲線は左側の境界にぶつかる。この2つの仮定から、2本の曲線がどこかで交わらなければならないことは明らかだ。正式には、その結論は中間値の定理の帰結である。交点は両方の曲線上にあるので、それはいずれの財にも超過供給と超過需要のどちらもない、1組の価格である。そうした価格では、両方の財について供給と需要が等しくなる。

　3つめの仮定は、価値基準財でない財は粗代替財だということだ。これは図2.1にみられる、2つの曲線は上に向かって傾斜し、

決して下に向かわないという性質につながる。財1の価格が上昇するとその財の正味需要は減少するという、需要法則の仮定と合わせると、そうした価格上昇が正味需要をゼロのままにしておけるのは、財2の価格もともに上昇する場合だけである。実線の曲線が右上がりであるのはそのためであり、破線の曲線にもこれと対称をなす議論が当てはまる。

　粗代替財の条件は、多くのマーケットデザインにとって理にかなった条件である。例えば、コーヒー豆市場でケニア産コーヒー豆の価格が上昇すると、ルワンダ産コーヒー豆の需要が増加する可能性が高くなる。それは売り手が高価なコーヒー豆の代わりに安価な豆を買うからだ。それでも財が代替財ではない例はたくさんある。例えばホノルル行きの航空便が値上がりすれば、ホノルルのホテルの需要が減少すると予想される。航空便とホテルは補完財だ。それは一方を購入した旅行者はたいていもう一方も購入するからだ。ほかにも可能性はたくさんある。一部の財は、ある価格帯では代替財として機能するが、別の価格帯では補完財として機能するかもしれない。つまり、財1の価格上昇が財2の需要に与える影響が単調ではない可能性があるということだ。例えば、ガソリン価格がある点まで上昇すると、燃費の良い自動車の需要が増加するかもしれないが、さらに大幅に上昇すると、消費者が自動車の相乗り通勤や、公共交通機関の利用を増やす原因になり、あらゆる種類の自動車の需要が減少することになる。

　私たちの仮定を組み込んだ先ほどの図では、主な結論も示されている。1つめの結論は、既に触れたように、前述の特徴がある2本の曲線は必然的に交わるはずだということだ。そのため、両方の財で同時に供給が需要と等しくなる価格のペアが少なくとも1つ存在するはずである。先ほどの図では、そうした価格のペアが3つある[1]。

　2つめの結論は、そうした需給均衡価格ベクトルには、あらゆる座標において最小の価格ベクトルと、あらゆる座標において最大の価格ベクトルが存在することだ。実際に、あらゆる需給均衡価格ベクトルは（右上がりの）実線の曲線の上にあり、その曲線上の点はすべて、最小の点から最大の点へと順番に並んでいるので、最小の交点は、両方の成分において最小のはずだ[2]。

　次の結論は、分権的な市場で価格が時間を通じてどう変化するのか、そしてそれに関連して、複数財オークションで価格がどう展開するのかに関係している。

　アローとハーヴィッツが記述したような模索過程では、価格 $P(t)$ は時間の関数として連続的に変化する。両方の財の価格が低く始まる（図の左下から）と考えて、この価格がどう進化する可能性があるかを調べる。両方の財の価格が低ければ、両方に超過需要が存在するので、価格は上昇し始める。価格調整の間に、価格が実線の曲線に達すれば財1の超過需要はゼロになるので、価格は少なくとも一時的には上昇しなくなる。これは、価格 $P(t)$ は実線の曲線を決して越えられず、同じように破線の曲線も越えられないことを意味する。価格は上昇しかできず、$P(t)$ が、2本の曲線が交わる最小の点、つまり最小の需給均衡価格ベクトルに達するまでは止まることができない。プロセスは、止まるほどには減速しないように仮定を追加する必要があるものの、それを条件とすれば、$P(t)$ は最小の需給均衡価格ベクトルに単調に収束するというのが結論だ（訳注：価格が上がり下がりせず、プロセスが止まるまで一方向にしか変化しないことを「単調」という）。

　両方の価格が、例えば図2.1の右上のような高い点から始まる場合にも、同様の分析が当てはまる。その場合の価格ベクトル $P(t)$ は、最大の需給均衡価格ベクトルに単調に収束する。

マーケットデザインを念頭におくと、この分析が意味するのは、財が代替財の場合には、価格が一方向だけに動く（単調に上方向に、あるいは単調に下方向に動く）オークションで需給均衡価格が見つかるということだ。競り上げ式オークション（両方の財を低価格から始めて、対応する財に超過需要があるかぎり、それぞれの価格を徐々に上げていくオークション）は最小の均衡価格ベクトルに達することができる。同様に、競り下げ式オークション（両方の財を高価格から始め、それぞれの財について過剰価格があれば価格を徐々に下げるオークション）は最大の均衡価格ベクトルに達することができる。

　まとめると、このセクションで発見したのは、既に説明した仮定（需要法則が適用されること、低価格での超過需要と高価格での超過供給が存在すること、価値基準財ではない財は粗代替財であること）の下では、次の結論が当てはまることだ。

- 需給均衡価格ベクトルが存在する。これは、それぞれの財の超過需要をゼロにする価格ベクトルである。
- 需給均衡価格ベクトルのうち、最小の価格ベクトルには、それぞれの財の価格が、ほかの需給均衡価格ベクトルの対応するどんな価格も上回らないという性質がある。最大の需給均衡価格ベクトルにも同じように、あらゆる財の価格が、ほかのどんな需給均衡価格ベクトルの価格以上になる。
- 競り上げ式オークションは、それぞれの財が低価格から始まり、財が超過需要にある場合にのみ、増加率がプラスになる連続的プロセスとしてモデル化される。このオークションは単調に上方向に動いて、最小の需給均衡価格ベクトルに収束する。同じ主張は、高価格から始まって、超過供給があれば価格を下げ、最大の需給均衡価格ベクトルに収束するオー

クションにも当てはまる。

2.2 離散財をともなう代替財、価格、安定性

　オリジナルのアロー＝ハーヴィッツモデルでは、財は分割可能だと仮定していたものの、既に説明した分析は1つの価格グラフのみを使っておこなわれており、財が分割可能であるという仮定には一切言及していない。そこでこんな疑問を持つかもしれない。この議論では分割財という仮定は使われているのだろうか。使われている場合でも、同じ分析の変形版を自動車や家屋などの非分割財に適用できるだろうか。

　1つめの疑問に答えるために、財への需要は価格に対する厳密な減少関数だと仮定したことを思い出そう。それは離散量で売られる財については言えず、そのことは超過需要がゼロである点の集合は一般的には曲線ではないことを示唆している。問題になっている財が家屋やそのほかの非分割財であれば、需要と供給が等しくなる価格の集合はしばしば「幅のある」曲線になる。それは価格が変化しても需要が不変のままでなければならない場合があるからだ。さらに境界の問題もある。需要量が、例えば1単位から0単位へと離散的に減少するような形で財の価格が増加すると、消費者が無差別な選好を示す、ある価格が存在するはずだ。合理的な消費者であれば、財に対して、例えばハワイでの休暇ツアーに対して、支払ってもよいと考える最高額があるだろう。しかしその最高価格では、この消費者が喜んで変更を希望するような別の休暇の選択肢が存在しなくてはならない（訳注：そうでなければ、この消費者は価格がさらに上がってもハワイでの休暇を選び続けるはずだからだ）。このように、2つの選択肢の両方が消費者にと

って最適であることが可能な場合、需要はもはや一価関数では正確に表せない。

後で議論するが、こうした技術的な違いは実在するものの、主要な結論にはあまり影響しないので、分析や主要な結論への小さな変更だけでうまく調整できる。前述の分析で用いられた中心的な考え方もやはり大部分は不変だ。ただし差異の調整のために導入される細かな点は、表面的な差異をいくつかもたらす。

Kelso and Crawford（1982）は、そういった理論の離散財への拡張を初めて検討した。ケルソらは、需要の対象が財ではなく有限集合 I 内の労働者である、労働市場をモデル化した。そこでは、労働者は自らの時間を分割して複数の企業で働くことはできないと仮定された。需要は、有限集合 J 内の企業から来るとされた。それぞれの企業は、企業へのニーズへの一致度と費用に基づいて労働者を雇用しようする。私がここで使う数学モデルは、ケルソらのものにかなり基づいている。

任意の企業が任意の労働者を雇用する場合に提示可能な給与の集合を、W で表す。労働者は一般的に、自分を雇用する企業の身元と、支払われる給与の両方に関心がある。同じ企業であれば、労働者はつねに低い給与よりも高い給与を選好する。数学的には、「契約」は (i, j, w_i^j) という3つ組になる。ここでは労働者と企業の身元をそれぞれ i と j、企業 j が労働者 i に支払う給与を w_i^j で表す。私たちは、労働者 i がどの企業でも働かない事象を $\emptyset_i$ と表す。$\emptyset_i$ もやはり契約と呼ぶと都合が良いので、可能な契約の集合は $(I \times J \times W) \cup \{\emptyset_i | i \in I\}$ となる。

可能な給与の数がわかっていると後で都合が良いので、集合 W を有限と仮定する。したがって、それぞれの労働者 i は、自らが労働市場に参加することで生じる可能性がある $|J| \times |W| + 1$ 通りの可能な契約だけに注意を絞ればよい。その場合にその労働

者は、企業 $j \in J$ に給与 $w_i^j \in W$ で雇用されるか、または雇用されないままでいるかのいずれかだ。私たちは、それぞれの労働者がそうした選択肢を厳密に順位付けできると仮定する。つまりその労働者は、任意の2つの可能な契約の間で無差別ではない。労働者 i が、ある契約を $\emptyset_i$ よりも強く選好する場合、その契約は労働者 i にとって「受け入れられる」という。

　労働者と同じように企業も、雇用する労働者の身元と、支払わなければならない給与の両方に関心がある。しかし労働者とは違い、企業は複数の労働者を雇用するためにいくつかの契約を締結でき、その契約の組み合わせに関心がある可能性がある。例えばデパートが販売員とエステティシャンを雇いたい場合、労働者のなかには両方の職に適任な人がいるかもしれない。一般的に、企業は自らが締結する契約の集合に対して選好を持つ。企業 j が検討しうる労働者と給与のペアが有限集合であることを考えると、（実際に企業が検討する）その部分集合も有限となるので、その企業は任意の2つの契約の組み合わせの間で無差別でないと仮定するのは筋が通っており、都合が良い。具体的には、それぞれの労働者への給与を表す、任意の可能な給与ベクトル w について、それぞれの企業 j は雇用すべき労働者の最適な集合 $D^j(w)$ を一意に特定できる。企業の需要にかんするきわめて重要で、より制限的な仮定は、労働者が「粗代替財」だとするものだ。簡単にいうと、これは1人かそれ以上の労働者 k の給与を引き上げても、給与が据え置かれた別の労働者 i に対する企業の需要は減少しないという意味だ。この条件を定式化すると次のようになる。

定義

　すべての $w^j \in W^I$、$k \neq i$ および $w_k'^j > w_k^j$ について、$i \in D^j(w^j) \Rightarrow i \in D^j(w_k'^j, w_{-k}^j)$ である場合、労働者は企業 j にとっ

て粗代替財である[3]。

2.2.1 比較を容易にする

$W = \{\hat{w}_1, ..., \hat{w}_N\}$ とし、また給与に昇順で $\hat{w}_1 < \cdots < \hat{w}_N$ と番号を付与する。

アロー＝ハーヴィッツモデルとの比較を容易にするために、私たちはさらに2つの給与をモデルに追加導入する。1つめの $\hat{w}_{N+1} > \hat{w}_N$ は非常に高いため、それを支払おうという企業はなく、どんな労働者でもそれを受け入れるという給与だ。2つめの $\hat{w}_0 < \hat{w}_1$ は、非常に安いので受け入れる労働者はなく、どんな企業でもそれを提示するという給与である。これらの給与は、この章の前の方で使った、超過供給と超過需要が必ずある、非常に高い価格と非常に低い価格に類似している。この拡張された給与の集合を $\overline{W} = W \cup \{\hat{w}_0, \hat{w}_{N+1}\}$ を用いて表す。

定式化をおこなうにあたって、関数 n と p を使って、次に高い給与と次に低い給与を決めておくと都合が良い。これらは $n(\hat{w}_m) = \hat{w}_{m+1}$（$n$ は「next」（次の）給与の意味で、$\overline{W}$ のうち $\hat{w}_{N+1}$ より低い給与の集合に対して定義される）と、$p(\hat{w}_m) = \hat{w}_{m-1}$（$p$ は「previous」（前の）給与の意味で、集合 $\overline{W}$ のうち $\hat{w}_0$ より高い給与に対して定義される）と定義される。

2.2.2 マッチングの定義と記法

労働市場の結果を記述するために、マッチングの記法を導入しよう。簡単にいえば、これは企業と労働者のマッチングと整合的な契約 C の束であり、そこではそれぞれの労働者 i に対してたかだか1つの契約がある。労働者 i と企業 j の間に契約 C がある場

合には、i は j にマッチされているといい、企業 j に関係がある契約の集合を C^j で表す。これを定式化すると次のようになる。

定義

1. 「マッチング」は、(i) それぞれの労働者 i について、たかだか1つの契約 $(i, j, w_i^j) \in C$ が存在し、かつ (ii) そうした契約がなければ $\varnothing_i \in C$ であるような契約 C の集合である（したがって、それぞれの労働者について、C の対応する要素が厳密に1つだけ存在する）。

2. $(i, j, w_i^j) \in C$ ならば、労働者 i と企業 j は C 内で「マッチしている」という。

3. C において $\varnothing_i$ ならば、i は C において「マッチしていない」という。

4. $C^j \overset{\text{def}}{=} \{(i, j', w_i^{j'}) \in C \,|\, j' = j\}$

さらに次のような定義を用いる。それぞれに簡単な説明も加えておく。

定義

1. (i) 労働者 i が $(i, j', w_i^{j'}) \in C$ よりも (i, j, w_i^j) を選好し、かつ (ii) j が集合 C^j よりもマッチング S を選好するような契約の集合 $S \subseteq C^j \cup \{(i, j, w_i^j)\}$ が存在するならば、マッチング C は契約 (i, j, w_i^j) によって「ブロック」される。

2. 次の2つの条件のいずれかが成立するならば、マッチング C は「不安定」である。

    a. (i) 労働者 i が $(i, j, w_i^j) \in C$ よりも $\varnothing_i$ を選好するか、または (ii) 企業 j が C^j よりも $C^j - \{(i, j, w_i^j)\}$ を選好するような $(i, j, w_i^j) \in C$ が存在する。あるいは

b. C が、ある労働者-企業-給与の3つ組 (i, j, w_i^j) によってブロックされている。

3. マッチング C は、それが不安定でなければ「安定」である。

定義1を直観的にいえば、i と j がそれぞれ、マッチング C によって決められた契約に従うのでなく、お互いがより選好するような別の契約を両者の間で結ぶことができるのであれば、そのマッチングは労働者-企業のペア (i, j) によってブロックされているということだ。その労働者にとっては、関係する条件はきわめて単純である。つまり、i はマッチングによって決められた契約よりも代替の契約を選好するということである。しかし企業にとっては、条件をどう定義するかはやや微妙である。なぜなら企業は、提案された契約を労働者 i との間で締結するとき、ほかの契約をどうするか検討しなければならないからだ。この定義では、企業 j は、(i) 労働者 i と代替の契約を締結すると同時に、ほかの契約の一部または全部を維持して、契約の集合 S を締結するか、あるいは (ii) 労働者 i と提案された契約を拒否し、マッチングによって決められた契約の集合 C^j を維持するかを検討する。

定義2を簡単にいえば、マッチングが2通りの方法で不安定になるということだ。それは、満足しないある個々の労働者や企業によって拒否されるか、ある労働者-企業のペアによってブロックされるかである。1つめのケースが発生するのは、自分の契約を受け入れないような労働者 i がいる場合だ。その労働者は、企業 j との契約を受け入れるより、雇用されない状態でいることを選好するのだ。またこのケースは、企業 j が労働者 i との契約を受け入れるよりも、その労働者を除外して、より少ない労働者の集団で妥協することを選好する場合にも発生する。不安定になる

2つめのケースは、前述のとおり、マッチングが労働者-企業の
ペアによってブロックされる場合だ。マッチングがこの2通りの
いずれかの形で不安定でなければ、それは安定である。

2.2.3 アロー゠ハーヴィッツモデルとのつながり

　安定なマッチングと市場均衡の間のつながりは、既に説明した
標準的な定式化では見えづらくなっている。それは、2つの定式
化はとても異なるように思えるからだ。市場均衡においては、決
定をおこなうのは個人であり、ある個人が自分の需要の変更や、
決められた量より多くの量や異なるものの売買を希望する場合に
は、価格と配分は均衡のテストに合格しない。一方、先ほど定式
化されたとおり、マッチングが不安定になるのは、個人ではなく、
労働者-企業のペアによってブロックされるためだ。こうした一
見異なるアプローチをどのように一致させられるだろうか。
　直観的には、一致させる方法には主に2つのアイデアがある。
1つは、安定なマッチングの条件を新たな方法で特徴づけること
だ。ここで直観的に表現するために、最も解決が難しい部分であ
る、ブロッキング契約の特徴づけだけに焦点を合わせよう。労働
者iと企業jが関与するブロッキング契約が存在するためには、
結果として生じる契約が両者により選好されるようなある給与を
当事者らが見つけられなければならない。この条件の見方を変え
れば、企業jがそんなに多く支払う気はなく、労働者iがそれ以
下の額は受け入れる気はないというある給与w_i^jが存在するなら
ば、労働者iと企業jが関与するブロッキング契約が存在しえな
いということだ。この定式化によって、双方が受け入れられる給
与が存在しないことを証明するという問題が、今述べた条件を満
たすある給与を見つける問題に変わることになる。

2つめのアイデアは、当事者が実際に締結した契約で規定されている価格（給与）だけでなく、それよりも多くの価格（給与）を使って、市場の結果の説明を定式化し直すことだ。私たちはさらに、ほかのすべての労働者と企業のペアの給与を含めることで、マッチしなかったペアの間で提示され、拒否された可能性のある給与を特徴づける。これを実現するために、ここで拡張マッチング (w, C) という概念を導入する。この場合の C はマッチングであり、$w = (w_i^j)_{i=1,\ldots,|I|}^{j=1,\ldots,|J|}$ は失われた給与を表す。改めて強調したいのは、これにはマッチしているペアの給与だけでなく、（マッチしていないペアを含む）あらゆる労働者-企業のペアの給与が含まれていることだ。

まず定式化した説明を先にして、次により直観的な説明についての議論をしよう。

定義

1. 拡張マッチングは、$(i, j, \overline{w}_i^j) \in C \Rightarrow w_i^j = \overline{w}_i^j$ であるような (w, C) である。

2. 拡張マッチング (w, C) が「安定」であるのは、次の場合である。

   a. それぞれの企業 j について $D^j(w^j) = \{i : (i, j, w_i^j) \in C^j\}$ である。

   b. $\emptyset_i \in C$ ならば、i は $\{(i, j, p(w_i^j)) \mid j \in J\}$ のどの要素よりも $\emptyset_i$ を選好する。

   c. $\emptyset_i \notin C$ ならば、i は $\{(i, j', p(w_i^{j'})) \mid j' \neq j\} \cup \{\emptyset_i\}$ のどの要素よりも $(i, j, w_i^j) \in C$ を選好する。

1つめの定義では、既に議論したように、拡張マッチング (w, C) はすべての労働者-企業のペアについての給与を追加する

ことにより、マッチングの基本的概念を拡張している。しかしこの場合には多少の注意が必要だ。それはCにはマッチされた労働者–企業のペアの給与が既に含まれているからだ。拡張マッチングの定義に含まれる「〜であるような」の直前の条件は、2つの給与の詳細が一致することを要求している。

2つめの定義は、前に説明した直観的な考えを定式化している。直観的には、この定義でいっているのは、それぞれの企業jが最も好む労働者を与えられた給与の下で雇用すること、そしてそれぞれの労働者が、自分がマッチされなかったほかの企業はw_i^jという高い給与を支払う意志がないと仮定して、自分が最も選好する契約を選択していれば、拡張マッチングは安定だということだ。

安定なマッチングと安定な拡張マッチングについての安定性の定義は、形がかなり異なるものの、密接なつながりがある（次の説明では、$\overline{W} \stackrel{\text{def}}{=} \{\hat{w}_0, \ldots, \hat{w}_{N+1}\}$という記法を思い出そう）。

命題2.1

拡張マッチング(w, C)が安定であるような給与$w \in \overline{W}^{|I| \times |J|}$が存在するとき、かつそのときにかぎり、マッチング$C$は安定である。

命題2.1の証明

マッチングCが安定だとしよう。私たちは、(w, C)が安定であるような、マッチされていないペアの給与が存在することを証明しなければならない。Cにおいてマッチされていない任意の労働者–企業のペア(i, j)について、労働者iが自分のマッチした契約（別の企業j'との契約または$\varnothing_i$）よりも(i, j, w_i^j)を選好するような最小の給与をw_i^jとする（訳注：このとき、$p(w_i^j)$はw_i^jよりも厳密に低い給与となるため、$p(w_i^j)$の下でiは(i, j, w_i^j)を選好するこ

とに注意)。そうした給与の存在は、$\hat{w}_{N+1}$ の導入によって保証されている。拡張マッチング (w, C) が安定であるのは、(i) C にブロッキングペアが存在しないことで、前述の定義の条件2aが満たされるためと、(ii) w の定義により、条件2bと2cが満たされるためだ。したがって、あらゆる安定なマッチング C が安定な拡張マッチング (w, C) の一部である。

今度は反対に、拡張マッチング (w, C) が安定だと考えよう。私たちは、C が不安定ではない、つまり前述の不安定性の定義の条件2aと2bのどちらも満たされないことを証明しなければならない。まず条件2aは満たされない。なぜなら (w, C) が安定であることは、C 内の任意の雇用された労働者 i が $\varnothing_i$ よりも自分の契約を選好すること、そしてそれぞれの企業が C から自らの労働者の割り当てすべてを要求することを意味するからだ。次に条件2bも満たされない。なぜなら (w, C) が安定であることは、i と j が関与する任意のブロッキング契約の給与が、2つの矛盾する条件を満たす必要があることを意味するからだ。それはこの給与が少なくとも w_i^j であり（労働者 i に選好される）、かつたかだか $p(w_i^j) < w_i^j$（企業 j に選好される）でなければならないという条件である。■

次のステップは、労働市場を均衡化するためのオークション手続きを記述することと、アローとハーヴィッツが採用したのと同じ粗代替財の条件の下では、その手続きが安定な拡張マッチング (w, C) にどうつながるのかを確認することだ。

2.2.4 オークションの直観的説明

これから説明していくプロセスは、直観的にいえばそれぞれの

労働者が自ら個人的な競り上げ式オークションを実施していて、企業に向けて自分の業務に入札するよう依頼しているプロセスだといえる。通常のコモディティのオークションでは、最高価格を提示した入札者が必ず落札するが、このケースではそれとは異なり、競売人である労働者は、自分の雇用主となる買い手の身元を気にする。その結果、この場合の労働者（競売人）は、給与の最高提示額だけでなく、最も選好する契約に基づいて落札者を選ぶ。私たちのルールでは問題を簡単にするために、それぞれのラウンド t において、1つの企業 j が労働者 i に提示することを許される給与は1つしかないと規定し、その給与を $w_i^j(t)$ と表すことにする。もちろん、企業はオークションのあるラウンドで、特定の労働者に新たな提示をしないことを選ぶかもしれない。したがって、$w(t) = \left(w_i^j(t)\right)_{i \in I, j \in J}$ というのは、企業がラウンド t で提示することを検討している給与を表す。

　価格ベクトル $P(t)$ がアロー＝ハーヴィッツモデルにおける市場の進化を記述するのとほぼ同じように、給与ベクトル $w(t)$ はさまざまなオークションの進展を記述する。ただし、モデルによる違いもある。より古いモデルでは財は分割可能だった。つまり、価格はある区間のどんな数でも取れることになっていたし、模索過程による価格調整プロセスは、時間とともにたえず前進するものとして表されていた。一方、現在のオークションモデルでは、こうしたことはすべて異なる形で表されている。労働者は分割不可能であり、1つの企業で働くか、どこでも働かないかのいずれかをとりうる。価格（給与）は、特定の有限集合に存在するよう制限されている。そしてオークションは、次の例で示すように、離散的に続く一連のラウンドを通じて実施される。

　オークションは、第1ラウンドですべての i と j について給与

$w_i^j(1) = \hat{w}_1$ となるところから始まる。第1ラウンドでは、企業は可能な最低提示額しか検討しない。あらゆるラウンド t において、それぞれの企業 j は、自らの最も選好する集合 $D^j(w^j(t))$ に含まれる労働者に対して、現在認められている給与での仕事を提示する。一方、選好する集合に含まれない労働者には提示をしない。したがって任意のラウンド t において、複数の仕事の提示を受ける労働者もいれば、1つの提示を受ける労働者や、まったく提示を受けない労働者もいる。

仕事が提示されたら、それぞれの労働者は自分への提示すべてを評価し、給与と、提示してきた企業の身元の両方を検討する。その労働者は自分の選好順序を適用し、非雇用状態よりも選好されないすべての提示を拒否する。その後で提示が残っていれば、その労働者は最も良い提示を維持し、それ以外をすべて拒否する。ラウンド t の終わりに、それぞれの企業は自らの提示のどれが拒否されたかを知る。労働者 i が企業 j の提示を拒否するならば、j が次のラウンドで提示する可能性のある給与は、1段階高い給与 $w_i^j(t+1) = n(w_i^j(t))$ になる。そうでなければ、次のラウンドで提示する可能性のある給与は最新ラウンドと変わらず、$w_i^j(t+1) = w_i^j(t)$ である。

2.2.5 手続きの定式化

それぞれの労働者 i には、可能な契約 $\{(i, j, w_i^j) \mid j \in J, w_i^j \in \overline{W}\}$ についての、完備かつ推移的で、反対称的な二項選好関係がある（訳注：選好の完備性とは、個人の意思決定による結果の組すべてについて選好関係が明らかである性質。推移性とは、意思決定の結果Aが B より望ましく、B が C より望ましいなら、A は C より望ましいとする性質）。この文脈において反対称性とは、労働者が、区別さ

92

れる契約の任意のペアについて無差別ではないことを意味する。さらに労働者は、企業を決めるにあたってより高い給与を選好する。つまり $w_i^j > w_i'^j$ なら、労働者 i は $(i, j, w_i'^j)$ よりも (i, j, w_i^j) を強く選好する。

　この分析を解釈するうえでは、それぞれの企業 j が、契約の集合 $\{(i, j, w_i^j) \mid i \in I, w_i^j \in \overline{W}\}$ の実行可能な部分集合 S に対する強い意味での選好関係で特徴づけられていると考える。j について実行可能であるために、集合 S がそれぞれの労働者 i について含むことができるのは、たかだか1つの契約である。労働者がより高い給与の契約を選好するのと同様に、企業はより低い給与の契約を選好する。選択対象として任意の契約の集合が与えられる場合、企業は自らが最も選好する、実行可能な部分集合を選択する。給与ベクトル $w = (w_i^j)_{i \in I, j \in J}$ を与えられれば、企業 j の選択は後から需要関数 $D^j(w^j)$ を用いて記述される。この $D^j(w^j)$ は、$\{(i, j, w_i^j) \mid i \in I\}$ のなかで、企業 j が最も選好する契約の集合に関連する労働者 i を決定する関数である。この定式化では D^j のみを用い、企業の選好関係には頼らない。

　オークションプロセスは、F と G という2つの関数によって特徴づけられる。関数 $G : \{\hat{w}_1, ..., \hat{w}_{N+1}\}^{I \times J} \to \{\hat{w}_0, ..., \hat{w}_{N+1}\}^{I \times J}$ を次のように定義する。

$$G_i^j(w) = \begin{cases} w_i^j & i \in D^j(w^j) \text{ のとき、} \\ p(w_i^j) & \text{それ以外のとき} \end{cases}$$

w は、企業がオークション手続きの下で、現在のラウンドで労働者に提示できる給与ベクトルと考える。次に、$G_i^j(w)$ は企業 j が現在のラウンドで労働者 i に実際に提示する給与だとする。

　ここで2つのケースを検討する。1つめのケースでは、労働者 i はこれまでに、企業 j の契約の提示を拒否したことがあり、その

場合には、w_i^j が1段階高い給与、$p(w_i^j)$ はその労働者が既に拒否した給与となる。企業 j がそれでも、現在のより高い給与を出してでも労働者 i を雇いたければ、条件 $i \in D^j(w^j)$ が満たされ、その企業は給与 $G_i^j(w) = w_i^j$ を提示するだろう。そうではなく、企業がより高い給与では労働者 i を雇いたくなければ、その企業は給与の提示額を増やさず、$G_i^j(w) = p(w_i^j)$ のままにする。いずれにしても、$G_i^j(w)$ は企業 j が現在のラウンドで、そのような労働者 i に提示する給与を示す。2つめのケースでは、労働者 i は企業 j の以前の給与提示を拒否したことがなく、そのため（粗代替財により）条件 $i \in D^j(w^j)$ が満たされる。この場合も、$G_i^j(w)$ は企業が提示する給与である。この定式化では、企業 j が労働者 i に契約を提示していないケースを、$G_i^j(w) = \hat{w}_0$ と記述できるようにすることで、ゼロの提示を含めている。

オークションのそれぞれのラウンドで実現しうる給与は、関数 $F : \{\hat{w}_1, ..., \hat{w}_{N+1}\}^{I \times J} \rightarrow \{\hat{w}_1, ..., \hat{w}_{N+1}\}^{I \times J}$ の適用により、前のラウンドの給与から決定される。この関数は、企業の決断と労働者の決断の両方を組み入れている。給与ベクトル w が与えられると、それぞれの労働者 i は現在の契約提示額の集合と非雇用の可能性を検討する。つまり $\{(i, j, G_i^j(w)) \mid j \in J\} \cup \{\varnothing_i\}$ である。その労働者は自らの選好に基づいて、最善の契約以外をすべて拒否する。$R_i(w) \subseteq \{j \mid i \in D^j(w^j)\}$ を構成する企業は、給与ベクトル w^j の下で労働者 i を求めているが、その労働者にはその給与を拒否されるような企業とする。関数 $F : \{\hat{w}_1, ..., \hat{w}_{N+1}\}^{I \times J} \rightarrow \{\hat{w}_1, ..., \hat{w}_{N+1}\}^{I \times J}$ を次のように定義する。[4]

$$F_i^j(w) = \begin{cases} n(w_i^j) & j \in R_i(w) \text{ のとき、} \\ w_i^j & j \notin R_i(w) \text{ のとき} \end{cases}$$

F を用いると、オークションにおいて可能な給与提示額の数列

は、次のように記述できる。すべてのiとjについて、初期条件を$w_i^j(1)=\hat{w}_1$と与える。また、$w(t+1)=F\big(w(t)\big)$とする（給与提示額が拒否された企業は、1段階高い給与の提示を検討できることを意味する）。最初のラウンドTでのプロセスは（任意の労働者へより高い給与を提示する企業がいない時点で）$w(T-1)=F\big(w(T-1)\big)$で終了する。したがって$w(T)=F^{T-1}\big(w(1)\big)$である。

オークションが終了すると、最終的なマッチングは$C=\{\big(i,j,w_i^j(T)\big)|i\in D^j\big(w^j(T)\big)\}\{\varnothing_i:\nexists\, j\in j:i\in D^j\big(w^j(T)\big)\}$となる。これらはまさに、企業によって$w(T)$内の給与で提示されていて、労働者にこれまで拒否されていない契約である。

2.2.6 連続的な競争均衡とのつながり

この離散モデルでの安定な拡張マッチングと、連続モデルでの競争均衡には、どのようなつながりがあるのだろうか。競争均衡(x,p)では、価格pに関してすべての市場参加者が最大化し、市場は均衡する。一方、この離散モデルでは、価格$w(T)$で企業が最大化しつつあり、自らが雇いたい労働者だけを求めている。価格$G\big(w(T)\big)$では、労働者が最大化しつつあり、それぞれが自らの最善の選択をする。しかし競争均衡とは対照的に、すべての市場参加者が検討する価格は同じではなく、一般的には$G\big(w(T)\big)<w(T)$となる[5]。とはいえ、給与は異なるものの、こうした給与はできるかぎり近くにある。それらは可能な給与の有限集合内で隣接しているのである。そのため、給与の差が小さい場合にこのモデルが定式化されれば、安定な拡張マッチングと競争均衡の間に経済学上の大きな違いはない。

そうした共通点を考えれば、オークションプロセスもやはり同

じになるのだろうか。ここで、離散的なダイナミクスのいくつかの性質を、定式化して分析しよう。

1つめの結果は、オークションプロセスが収束することだ。

命題2.2

離散オークションプロセスは有限のラウンド数で終了する。つまり $T < \infty$ である。

命題2.2の証明

異なる給与は有限個しか存在せず、最終ラウンドの前までのあらゆるラウンドで $w(t+1) > w(t)$ が成り立つ。したがってラウンド数は有限個しか存在しない。■

2つめの結果は、労働者が代替財である場合に、企業はラウンド t で拒否されなかった任意の提示を、ラウンド $t+1$ で必ず繰り返す。私たちの主張を定式化したのが命題2.3である。

命題2.3

労働者が企業 j にとって粗代替財であるとする。$i \in D^j\big(w^j(t)\big)$ かつ $j \notin R_i(w)$ ならば、$i \in D^j\big(w^j(t+1)\big)$ である。

命題2.3の証明

$i \in D^j\big(w^j(t)\big)$ と仮定する。オークションプロセスの定義により、$w^j(t+1) \geq w^j(t)$ で あ る。$j \notin R_i(w)$ で あ る の で、当 然 $w_i^j(t+1) = w_i^j(t)$ に な る。粗 代 替 財 の 定 義 を 適 用 す る と、$i \in D^j\big(w^j(t+1)\big)$ となる。■

この命題は、2つの理由から重要である。1つめは、関数 F を

指定した方法に微妙な含みがあるためだ。実際のオークションでは、前のラウンドでの最善の提示が必ず繰り返されるので、私たちがFを定義する場合には、あたかも労働者は、自らが受け入れる提示が、企業が取り下げたいと考えている提示であることを心配せずに、以前の提示を呼び出すことを選択できるかのように定義できる。2つめの理由は、離散モデルにおけるこの命題は、価格がつねに、それぞれの財の需要が供給をわずかに上回るような領域にある連続モデルでの命題と、ほぼ同じ経済学的な内容を持つためだ。この命題が意味するのは、離散モデルでは、労働者iに対して非雇用状態よりも選好されるような任意の給与の提示があれば、それ以降の給与ベクトル$w(t)$は、少なくとも1つの企業jがその労働者を求め続ける領域に必ずとどまることである。

　連続モデルに似ている、最後の重要な経済学的結論は、こうしたオークションプロセスが、任意の安定なマッチングに関連する最小の給与に収束することだ。

命題2.4

　労働者が企業にとって粗代替財であると仮定する。そうすると、任意の安定な拡張マッチング(w', C')について、$w(T) \leq w'$となる。

　この命題の証明は、次の補題に依拠している。この補題はさらに、粗代替財の条件と関数Fの定義に依拠している。

補題2.5

　労働者が企業にとって粗代替財であると仮定する。そうすると、関数Fは「単調」である。任意の2つの給与プロファイル$w, w' \in W^{I \times J}$について、$w' \geq w$ならば$F(w') \geq F(w)$である。

　この補題は後で証明する。命題2.4を証明するために、この補

題を次のように用いる。

命題2.4の証明

まず、F の定義により、任意の安定なマッチング (w', C') について、$w' = F(w')$ が真でなければならないことに注意する。さらにオークションの初期条件から、$w(1) \leq w'$ である。ある t について $w(t) \leq w'$ であるとする。そうすると、F が単調であるので、$w(t+1) = F(w(t)) \leq F(w') = w'$ である。したがって $w(T) \leq w'$ である。■

補題2.5の証明

任意の労働者 $i \in I$ および企業 $j \in J$ とする。関数 F の定義域と値域はともに有限集合の直積なので、それは対応する変数 w_i^j が次の値 $n(w_i^j)$ まで増加させられ、ほかの成分が固定されている場合に、任意の成分関数 $F_i^j(w)$ が減少しないことを示せば十分である。ここではその変化したベクトルを $w \backslash n(w_i^j)$ で表したうえで、すべてを網羅する4つのケースを検討する。

(i) 企業 j が w_i^j を増加させるケース。定義により、$F_i^j(w) \leq w_i^j \leq F_i^j(w \backslash n(w_i^j))$ である。

(ii) ある企業 $j' \neq j$ が $w_i^{j'}$ を増加させるケース。$j \notin R_i(w)$ ならば、$F_i^j(w) = w_i^j \leq F_i^j(w \backslash n(w_i^{j'}))$ である。$j \in R_i(w)$ ならば $j \in R_i(w \backslash n(w_i^{j'}))$ であるので、$F_i^j(w) = n(w_i^j) = F_i^j(w \backslash n(w_i^{j'}))$ である。

(iii) ある労働者 $i' \neq i$ について企業 j が $w_{i'}^j$ を増加させるケース。粗代替財により、$i \in D^j(w)$ かつ $j \in R_i(w)$ ならば、$j \in R_i(w \backslash n(w_{i'}^j))$ であり、この場合には $F_i^j(w) = F_i^j(w \backslash n(w_{i'}^j))$ である。$j \notin R_i(w)$ ならば、$F_i^j(w) \leq w_i^j \leq F_i^j(w \backslash n(w_{i'}^j))$ であ

る。

（iv）ある労働者 $i' \neq i$ について企業 $j' \neq j$ が $w_{i'}^{j'}$ を増加させる
ケース。そうすると、つねに $F_i^j(w) = F_i^j\big(w \backslash n(w_{i'}^{j'})\big)$ となる。
■

　離散モデルと連続モデルの間には、分析における変更点につな
がった4つの技術的な違いがある。1つめは、ケルソ゠クロフォ
ードモデルの分析では、連続的な時間における連続的な価格プロ
セスの代わりに、離散的な価格を用いて、時間を離散的に前進さ
せることだ。2つめは、売り手（労働者）が価格だけに基づいて
買い手（企業）を選択するわけではなく、企業の身元も気にする
ことだ。3つめは、労働者にとっての最善の機会は、1つの給与
だけを参考にして特定することはできないので、アルゴリズムは、
それぞれの労働者について複数の給与を追跡する必要がある。こ
こでの定式化は、この最初の3つの違いを扱う方法を示している。
最後に、企業と労働者はわずかに異なる給与に基づいて決断をす
る。一方で競争均衡では、すべての当事者が同じ価格ベクトルを
用いる。こうした違いにもかかわらず、2つのモデルについての
分析と結果は似通っている。

　このセクションで得た、企業が労働者を粗代替財とみなす離散
モデルについての主な知見をまとめると、次のようになる。

　• 安定な拡張マッチングは存在する。あらゆる安定な拡張マ
　　ッチング (w, C) について、企業は、あたかも給与ベクトル
　　w を所与とみなすかのように、最適な労働者の集合を雇い、
　　労働者は、あたかも得られる給与が代替給与ベクトル $G(w)$
　　によって与えられると仮定するかのように、最適な仕事を選
　　択する。つまり i が j とマッチするときは $G_i^j(w) = w_i^j$ であり、

それ以外のときは$G_i^z(w) = p(w_i^z)$である。

- ある安定な拡張マッチング(w, C)の一部である給与ベクトルwには、最小の給与ベクトル、つまりそこに含まれるそれぞれの労働者の給与が、少なくとも任意のほかの安定な拡張マッチングと同じかそれよりも低いような給与ベクトルが存在する（最大の給与ベクトルも存在するが、ここでは分析しない）。

- 競り上げ式オークションが、企業が現在オークション内で提示されている給与ベクトルの下で、最も雇いたいと考える労働者に入札するような離散プロセスとしてモデル化される場合、そこでの給与の提示額は、最小の給与ベクトルへ上向きに単調に収束する。

2.3 近代替財、価格、ナップサック問題における効率

これまでの数セクションでは、経済学における標準的な方法で価格を扱っている。つまり価格を、効率的で市場均衡的な結果に結びつくものとして扱っている。これはかなり限定的な方法になりかねない。現実のオークションデザインにおいては、財が離散的であっても粗代替財ではないことがしばしばあり、需給均衡価格が存在する保証はないからだ。実際、Milgrom（2000）やMilgrom and Strulovici（2009）では、オークションの入札者たちが財に対して取りうる価値のなかに、すべての加法的な選好（訳注：これは粗代替性を満たす）に、粗代替財の条件を満たさない選好を1つ加えるだけで、需給均衡価格が存在しない場合がつねにあることが示されている。

そうした制限はあるが、オークションと、オークションで生成

される価格は、ほぼ最適な資源配分を見つけるのにやはり有益な場合がある。特に財が「近代替財」である場合にそれがいえる。1つの財の価格を上げることが、ほかの財の需要を減らすことにならないなら、特定のモデルにおける財の集合が代替財条件を満たすことを思い出してほしい。私が財を「近代替財」と呼ぶ場合、その近傍には、財が厳密に代替財であり、一部の制約が厳しくされたり、緩められたりするモデルが存在することを意味している。「近傍」という言葉の適切な意味については、後でじっくり検討しよう。この考えを最もシンプルに検討するために、Dantzig（1957）によって分析された有名な「ナップサック問題」を用いる。

2.3.1 ナップサック問題と貪欲アルゴリズム

ある人が入れ物（「ナップサック」）と、$n = 1, ..., N$ と番号が付与された離散財を持っていると想像しよう。それぞれの財 n は、大きさ S_n と価値 v_n に結びついている。ナップサック問題とは、ナップサックに詰められる品物の大きさの合計がナップサックの大きさ S を超えてはならないという制約の下で、詰められる価値の合計が最大になる財の集合を選択せよ、という問題だ。非自明な問題のみに集中するために、ナップサックにはすべての品物を入れるだけの十分なスペースがない、つまり $\sum_{n=1}^{N} s_n > S$ であると仮定する。

ここでするべき決断は、財 n がナップサックに入れられることになるかどうかを示す変数 x_n によって記述される。$x_n = 1$ はその財がナップサックに含まれていることを、$x_n = 0$ は含まれていないことを意味するとしよう。このとき $x = (x_1, ..., x_N) \in \{0, 1\}^N$ は、それぞれの財について、それがナップサックに詰められてい

るかどうかを記述するベクトルである。$v(x) \overset{\text{def}}{=} \sum_{n=1}^{N} v_n x_n$ としよう。価値が最も高い財の集合をナップサックに詰める問題と、それに対応する最適な価値 $\overline{V}$ は、数学的には次のように記述される。

$$\overline{V} = \max_{x \in \{0,1\}^N} v(x) \text{ subject to } \sum_{n=1}^{N} s_n x_n \leq S \qquad (1)$$

ベクトル x が所与であり、(1) の最適解とされていると考える。計算量理論によれば、ナップサック問題の解の候補 x が最適であることを証明する問題は、NP完全である。つまりおおまかにいえば、とても難しいということだ[6]。それがとても難しい理由をおおまかに説明するなら、どんなアルゴリズムにおいても、N 個の品物の組み合わせの大部分を個別に確認することで、どの組み合わせがナップサックに適合するか、そしてその組み合わせが解の候補 x よりも価値が高いかどうかを判断する必要があるからである。品物の数 N が増えるにつれて、組み合わせの数は指数関数的に増加するので、N が中程度に大きい場合でも、任意の系統的アルゴリズムの求解時間は非現実的に長くなることがある。

最適解を見つけて確認するのは難しいものの、財が分割可能だとみなす、「緩和された」ナップサック問題を調べることで、ある程度は現実的に前進できる。この緩和ナップサック問題を定式化したものは次のようになる。

$$\overline{V} = \max_{x \in [0,1]^N} v(x) \text{ subject to } \sum_{n=1}^{N} s_n x_n \leq S \qquad (2)$$

数学的には、当初の問題と緩和問題の違いは、(1) では選択肢がベクトル $x \in \{0,1\}^N$ だが（あらゆる財が含まれているか、いないかのいずれかでなければならない）、(2) ではベクトル

$x \in [0, 1]^N$ である（財が部分的に含まれるのでもかまわない）ということだ。緩和問題は線形計画問題であり、その最適解は次のような価格を使って特徴づけることができる。

$$\hat{p} = \inf \left\{ p \geq 0 \,\middle|\, \sum_{\{n \mid v_n > p s_n\}} s_n \leq S \right\}$$

（2）の最適解は次のように与えられる。

$$x_n = \begin{cases} 1 & v_n > \hat{p} s_n \text{ のとき、} \\ 0 & v_n < \hat{p} s_n \text{ のとき} \end{cases}$$

また、任意の品物 n'（$v_{n'} = \hat{p} s_{n'}$ となる）について、$\sum_{n=1}^N s_n x_n = S$ となるように $x_{n'}$ をおく。（2）の解が一意ならば、その解に部分的に含まれるような1つの財 n' が存在する。複数の解がある場合でも、そのなかには、1つの財だけが部分的に含まれるような解がいくつか存在する。

緩和問題は簡単な問題である。実際には、$\hat{p}$ を事前に計算しなくても、品物を一度に1つずつ処理することで最適解を見つけられる、単調なアルゴリズムが存在する。そのアルゴリズムは、品物を価値／大きさ比 v_n/s_n の順番に並べて、それらを比の大きい順に処理する。そして空きスペースに収まらない品物が出てくるまで、品物を1つずつ詰めていく。空きスペースに収まらない品物が出てきたら、そのスペースに収まるその品物の一部分を入れてから、処理を終了する。少し考えてみれば、このアルゴリズムが実際に、財が分割可能である仮説的ケースについて、最適な詰め方をしていることがわかるだろう。

重要な点は、同様のアルゴリズムを実際の緩和されていない問題に対して発見的に適用できることだ。そのアルゴリズムは、財を先ほどと同様に、価値／大きさ比 v_n/s_n が大きい順に財を並べる。そして、ナップサックの空きスペースに入らない品物が出

てくるまで、詰めていない品物 n を繰り返し追加する。そしてこの先は、先ほどのアルゴリズムとは違ってくる。ある品物がナップサックに入らない場合、このアルゴリズムではその品物をよけておいて、次の品物に進む。これをすべての品物が処理されるまで続けるのだ。

このシンプルな発見的手法（訳注：厳密な理論に基づかない経験則や直観による判断）では、一般的には、最適解は見つからない。例えば2個の品物があり、ナップサックのサイズが $S=2$ だとしよう。1つめの品物はサイズが1で価値は1.1、2つめの品物はサイズが2で価値が2だとする。発見的アルゴリズムではまず、1つめの品物をナップサックに入れる（$v_1/s_1=1.1$ であり、$v_2/s_2=1.0$ であるため）。すると、2つめの品物が入る空きスペースはないので、ここで終了になり、価値が1.1である解が見つかったことになる。しかし最適解は、2つめの品物を詰めることだ。その解では価値が2になる。直観的にみて、発見的手法では最適解を見つけられない理由は、その時点の選択が、後から検討する品物が詰められる可能性にどう影響するかを考慮せず、品物を貪欲に追加するからだ。この手の発見的手法は「貪欲アルゴリズム」と呼ばれる。

一般的なケースでは、ここで提案した貪欲アルゴリズムは次のように機能する。それぞれの品物 $n=1,...,N$ について、単位大きさあたりの価値 $p_n \overset{\text{def}}{=} v_n/s_n$ を計算する。必要に応じて、$p_1 \geq \cdots \geq p_N$ となるように品物に番号を振り直す[7]。最初の品物 $n=1$ から順番に進めていき、$s_n \leq S - \sum_{j=1}^{n-1} s_j x_j$ ならば $x_n=1$、そうでなければ $x_n=0$ とする。これによって、先ほど記述した、発見的手法によって価値／大きさ比の順番で品物を検討し、それぞれの品物がナップサックに収まるなら入れて、そうでなければよけておき、品物リストの最後まで1パスを完了したら終了すると

いう考えが定式化される。

$S_m \overset{\text{def}}{=} S - \sum_{n=1}^{m-1} s_n$ と定義し、$\hat{n}$ を $\sum_{j=1}^{\hat{n}} s_j > S$ であるような最初の品物とする。$\overline{V}$ がナップサック問題の最適な価値を表すことを思い出そう。緩和問題の解はその最適値に上界を与えるので、$\underline{V} \leq \overline{V} = \sum_{j=1}^{\hat{n}-1} v_j + p_{\hat{n}} S_{\hat{n}}$ が真でなければならない。この不等式を使えば、最適解を使う代わりに、貪欲アルゴリズムによる解の候補を使うことで生じうる損失の境界を定められる。

命題2.6

V^{Greedy} が貪欲（greedy）解によって得られる価値を、$\overline{V}$ が最適解によって得られる価値をそれぞれ表すとする。この2つの価値の差は、次の不等式によって制限される。

(i) $\overline{V} \geq V^{\text{Greedy}} \geq \overline{V} - p_{\hat{n}} S_{\hat{n}}$、かつ

(ii) $\hat{n} \in \mathbb{N}$、$(v_n, s_n)_{n=1}^{\hat{n}-1} \in \mathbb{R}_+^{2\hat{n}-2}$、かつ $\varepsilon > 0$ のすべてについて、$V^{\text{Greedy}} < \overline{V} - p_{\hat{n}} S_{\hat{n}} + \varepsilon$ であるような $N \geq \hat{n}$ と $(v_n, s_n)_{n=\hat{n}}^{N} \in \mathbb{R}_+^{2(N+1-\hat{n})}$ が存在する。

この命題の（ii）は、（i）で与えられた V^{Greedy} の下界が「タイト」であるという意味である。その下界に任意の正の ε を加えれば、そうした一般的な結果は偽になる。すべての品物が同じ大きさである場合には、（i）の上界は等式によって成り立つので、それもタイトである。

命題2.6の証明

（i）については、1つめの不等式は明らかであり、2つめの不等式は直前の文で証明されている。

（ii）については、$S_{\hat{n}} = 0$ のケースは明らかなので、$(v_n, s_n)_{n=1}^{\hat{n}-1}$

は $S_{\hat{n}} > 0$ であるようなものと仮定しよう。任意の $N \geq \hat{n}$ と $(v_n, s_n)_{n=\hat{n}}^{N}$ が $n > \hat{n}$ について $s_{\hat{n}} = S_{\hat{n}-1} > S_{\hat{n}}$、$p_{\hat{n}} = p_{\hat{n}-1} - \varepsilon/S_{\hat{n}-1}$、$p_n = 0$ を満たすものと規定する。その場合、$V^{\text{Greedy}} = \sum_{j=1}^{\hat{n}-1} v_j$ である。しかし、品物 $1, ..., \hat{n}-2$ と品物 $\hat{n}$ を入れることは実行可能であるので、$\bar{V} > V^{\text{Greedy}} + p_{\hat{n}} S_{\hat{n}} - \varepsilon$ である。■

緩和問題では、財は代替財である。任意の品物 n の価値を増やしても、$m \neq n$ となる任意の財 m に対する最適な選択 x_m が増えることはない。その意味では、実際のナップサック問題は財が近代替財であるという考えを表現してはいるが、この近代替財の条件は、前に検討した、企業と労働者の離散モデルで見られた代替財条件とはまったく異なる。離散モデルでは、企業が利益を最大化しようとするなら、その企業が支払うある労働者の給与が上昇した場合に、企業は次のいずれかをおこなう。それは、その労働者を求めるのをやめて、ほかの労働者たちに対する需要は変更しないか、1人だけ別の労働者を新たに求めてその労働者の代わりとするかである。[8] それ以外の可能性はない。このことを、離散モデルにおける労働者間の「代替率」はつねに0と1のいずれかだと表現できる。緩和ナップサック問題では、品物間の代替率に制限はない。ナップサックの中で、1つの大きな品物をいくつかの小さな品物で置き換えたり、いくつかの小さな品物を1つの大きな品物で置き換えたりすることが、最適なやり方になりうる。労働市場でいえば、これは1つの企業が半日勤務の労働者を2人雇うか、フルタイムで働く労働者を1人雇うか、どちらにするか決める状況に相当する。労働市場モデルにはその可能性が組み込まれていなかった。なぜなら、企業のそうした選好は、分析のベースになっている代替財の制限を満たさないからだ。半日勤務の労働者2人が（代替財ではなく）補完財となりうるのは、半日勤

106

務労働者1人の給与が増加すれば、企業は（訳注：その労働者に加えて）別の半日勤務労働者への提示を取り下げて、代わりにフルタイム労働者を雇おうとする場合があるからだ。

　そうすると、離散ナップサックモデルと、前に扱った離散代替財モデルとの重要な違いは、ナップサックモデルでは、最適解であれ、貪欲解であれ、品物の間の代替率への制限をともなわないことである。

　このセクションや、この後のセクションにおける数学的な考え方を理解するためには、代替性は単調性の1つであることを心に留めておくと役に立つ。1つの財の価格上昇が別の財の需要を増加させる場合、財は代替財である。「上昇」や「増加させる」という単語が意味するのは、私たちは需要の順序性に訴えているのであり、それ以外ではないということだ。このセクションやこの後のセクションで数学が明らかにするのは、この経済学的な単調性が、一部の単調なアルゴリズムの優れたパフォーマンスに関連することだ。貪欲アルゴリズムにはいくつかの単調性がある。そのうち明らかなものは、貪欲アルゴリズムでは何かを取り出さずに、詰められた品物の集合を増やしていくということだ。この後すぐに、ほかの単調性についても明らかにしていく。競り上げ式オークションもまた単調である。超過需要がある場合には価格が増加し、同じ価格までふたたび下がることはない。本書では、財が代替財か近代替財の場合に、一部のアルゴリズムが良いパフォーマンスをすることを説明する命題はすべて、厳密な、あるいは近似的な単調性に依存している。

2.3.2 貪欲アルゴリズムに基づくオークション

　ナップサック問題をオークション問題として扱うために、異な

る参加者がそれぞれ異なる品物を持っていると考える。それぞれの参加者は、ナップサック内に品物を入れるスペースを獲得する場合にのみ、その財の価値を享受できる。品物の大きさs_nは、所有者／入札者nと競売人の両方によって観測されうるが、所有者がその品物につける価値v_nは所有者しか知らないと仮定する[9]。私たちは、価値ベクトルvが既知である場合に、オークションの勝者が貪欲アルゴリズムで選択される品物の所有者になるように、ナップサック内のスペースをオークションにかける方法があることを証明したい。

　価値がベクトルvで与えられる場合、$\alpha_{Greedy}(v)$は貪欲アルゴリズムによってナップサックに詰められる品物の集合を表すとしよう。一般的に、ナップサック問題の任意のアルゴリズムから関数$\alpha(\cdot)$が決まるので、報告された価値がvの場合、ナップサックに詰められた品物は集合$\alpha(v)$内の品物である。オークションを考える場合、この関数を「勝者選択ルール」と呼ぶこともある。入札者が、ほかの人がどのように入札するかを推測する必要なしに、自らの入札額を簡単に選べるようにするためには、オークションは「耐戦略的」であるべきだ。これはおおまかにいえば、それぞれの入札者は、ほかの入札者の行動をどう予測するかに関係なく、同じ最善の入札をするべきという意味だ。

　定式化で重要になるのは、勝者選択ルール$\alpha_{Greedy}(v)$には、既に説明したものとは異なる、特有の単調性があると理解することだ。この単調性は、オークションに勝った入札者は、たとえ入札額を増やしてもやはり勝者だということである。その単調性には、最低でもその価格を入札すれば勝つが、そうしなければ負けるような、何らかの無限または有限の「しきい値価格」が存在するという意味合いがある。オークションのルールによって、オークションに勝った入札者は自らのしきい値価格を支払わねばならない

と規定するならば、そのオークションは「しきい値オークション」と呼ばれる。この後で見るとおり、しきい値オークションはつねに耐戦略的である。さらにそれは唯一の耐戦略的オークションである。

　以下は、対応する定式化である。

定義

　1.　$n \in \alpha(v)$ が、任意の $v'_n > v_n$ について $n \in \alpha(v'_n, v_{-n})$ であることを意味するなら、勝者選択ルール $\alpha(v)$ は単調である。

　2.　単調な勝者選択ルール α を与えられたとき、しきい値価格関数は $\bar{v}^\alpha_n(v_{-n}) = \inf \{v_n \mid n \in \alpha(v_n, v_{-n})\}$ となる。

　3.　勝者選択ルール α が単調であり、負けた入札者が支払う金額がゼロであり、勝った入札者 n が自らのしきい値価格 $p^\alpha_n(v) = \bar{v}^\alpha_n(v_{-n})$ を支払うならば、直接メカニズム (α, p^α) は「しきい値オークション」である。

　4.　価値 $v \in \mathbb{R}^N_+$ のすべてのプロファイルと、あらゆる可能な「虚偽報告」$v'_n \neq v_n$ について、v_n を正直に報告することによる n への利得が、正直に報告しないことによる利得と最低でも同じ金額になるならば、直接メカニズム (α, p) は「耐戦略的」である。

$$\big(v_n - p_n(v)\big)1_{n \in \alpha(v)} \geq \big(v_n - p_n(v'_n, v_{-n})\big)1_{n \in \alpha(v'_n, v_{-n})}$$

　貪欲アルゴリズムでは、価値 v_n の品物 n は、処理中に順番が来たときにその品物を入れるスペースがまだ残っているとき、かつそのときにかぎり、ナップサックに入れられる。品物 n の価値が $v'_n > v_n$ まで増加するならば、その品物は以降の処理で登場しない。結果として、貪欲アルゴリズムによって価値 v_n の品物 n がナ

ップサックに入れられるならば、価値がv'_nの場合にその品物も入れられなければならない。この論理が意味するのは、勝者選択ルールα_{Greedy}は単調であるということだ。

しきい値オークションの特によく知られている例が、単一財の競売に使うことのできる、有名なセカンドプライス・オークションだ。セカンドプライス・オークションで勝った入札者のしきい値価格は、次点入札者の入札額である。セカンドプライス・オークションが耐戦略的であることの証明は、多くの読者にとってなじみがあるだろう。それは次のような結果を証明するために拡張されることが多い。

命題2.7

任意の単調な勝者選択ルールについて、対応するしきい値オークションは耐戦略的である。

命題2.7の証明

ここで、報告とv_{-n}のさまざまな条件について、正直にv_nと報告した入札者と、虚偽の報告v'_nをした入札者への利得を表にする。どのケースでも、正直な報告をすれば、正直に報告しない場合と最低でも同額の支払いがあるので、この命題が正しいことが証明される。■

条件	v_n と報告する場合の利得	比較	v'_n と報告する場合の利得
$\bar{v}_n^\alpha(v_{-n}) > max(v_n, v'_n)$	0	=	0
$\bar{v}_n^\alpha(v_{-n}) > min(v_n, v'_n)$	$v_n - \bar{v}_n^\alpha(v_{-n})$	=	$v_n - \bar{v}_n^\alpha(v_{-n})$
$v_n \geq \bar{v}_n^\alpha(v_{-n}) \geq v'_n$	$v_n - \bar{v}_n^\alpha(v_{-n})$	$\geq$	0
$v'_n \geq \bar{v}_n^\alpha(v_{-n}) \geq v_n$	0	$\geq$	$v_n - \bar{v}_n^\alpha(v_{-n})$

　3章では、命題2.7とほぼ正反対の意味合いがある命題を定式化し、証明する。その命題は、任意の単調な勝者選択ルール α について、(i) それぞれの入札者 n が取りうる価値の集合は区間 $[\underline{v}_n, \bar{v}_n]$ であり、(ii) 入札者には必ず負ける入札をする選択肢があり、(iii) 落札できなければ必ず支払いはゼロになるという追加の制限がある場合、(α, p^α) が耐戦略的になるようなしきい値支払いルール p^α は一意である。さらに、単調ではない任意の勝者選択ルール α について、(α, p) が耐戦略的であるような価格関数 p は存在しない[10]。

　Lehmann, O'Callaghan, and Shoham（2002）は、貪欲勝者選択ルール α_{Greedy} に基づいたしきい値オークションを導入し、それが耐戦略的であることを証明した。前に議論したとおり、α_{Greedy} は単調であるので、Lehmann らの命題は以前の命題から得られる。

命題2.8

　貪欲勝者選択ルール α_{Greedy} は単調であり、それに関連する「貪欲しきい値オークション」は耐戦略的である。

2.3.3 投資と疑似均衡

　ナップサック問題の通常の分析では、どの品物がナップサック
に詰めるために選ばれるかという点のみを調べる。それが重要な
問題のこともあるが、個別の資源配分問題は、ほかの関連する資
源の配分や決定をおこなう必要のある、より大きな問題の一部と
して考えるほうがさらに有益なことが多い。ナップサックに品物
を詰める問題において、共通する重要な決定というのは、例えば
品物をもっと小さくするとか、価値をもっと高くするといった、
品物自体の改善や、ナップサックの容量を大きくするような改善
にどれくらい投資すべきかに関係している。1章で議論した空域
の例は、この問題をよく表している。その例では、新しい宇宙港
の大きさと位置についての決定が、商用宇宙船打ち上げについて
後からおこなう決定に必ず影響する。その商用宇宙船打ち上げは
さらに、そのほかの空域の商業利用を混乱させる可能性がある。
適切な価格設定は、意志決定者が、自分たちの決定によってほか
のユーザーがやがて負うことになる費用を説明するのに役に立つ。
また、最も出費の多いユーザーが、例えばよい代替物を見つけた
り、最も価値の低い資源の使用を抑制したりすることで、資源の
消費を少なくする方法を見つけるよう促す。

　このセクションでは、ナップサック問題における価格が、ナッ
プサックへの効率的なパッキングを導くだけでなく、同じくらい
効率的な投資も導くという、二重の役目をどこまで果たせるのか
を探る。私の分析は、新古典派経済学の均衡理論における厚生経
済学の第一基本定理というレンズを通して見ると役に立つことが
ある。ただしここでは、市場が厳密に均衡するという仮定が、近
似的な市場均衡という仮定に置き換えられている。厚生経済学の
第一基本定理に従えば、ある価格ベクトルにおいて、価格を受容

する意志決定者が、供給量と需要量がすべての市場において厳密に等しくなるような形で資源を要求しようとする場合、その決定は効率的な最終配分につながる。近似的問題で、市場を近似的に均衡させる価格が、投資のかなり良い動機にもなるようにするには、追加の条件が必要になる。

　ナップサック問題においては、品物の分割不可能性は通常、厳密な市場均衡を妨げる（ナップサック内の一部スペースが空いたまま残る）ので、古い理論は厳密には当てはまらない。それでもやはり、個別の品物の所有者が、ナップサック内のスペースに支払うつもりの金額についての理解に導かれて、品物の大きさを決定するという考えを定式化するのは難しくない。それぞれの所有者は、自分の品物を小さくするための費用が、ナップサック内のスペースの費用の節約分を下回る場合には、品物を小さくすることを選ぶ。そうしたナップサックモデルでは、ほぼ効率的な投資と、ナップサックへのほぼ効率的なパッキングの両方を導くのに、同じ価格が使えるだろうか。

　この議論の要点は、ナップサック問題のためのオークションメカニズムの非常に望ましい性質として、耐戦略性と近似効率以外に、品物の所有者による投資をうまく導くようなスペースの価格を生み出すことだ。最もシンプルなオークションメカニズムによって、需給均衡価格と同じ役割を果たす価格 p^* が発見される。つまり、落札者はナップサック内のスペースの単位あたり価格 p^* を請求され、その落札者は全員、p^* よりも高い価格を支払う用意がある所有者である。一般的なケースでは、その価格ではナップサック内にまだスペースが残っているので、p^* は需給均衡価格ではない。ここでは p^* を「疑似均衡価格」（Milgrom and Strulovici, 2009）と呼び、何か特定の品物の価値と大きさについて、以下の関数を用いて疑似均衡価格を計算しよう。

$$p(v, s) \stackrel{\text{def}}{=} \inf \left\{ p \,\middle|\, \sum_{\{n|v_n - ps_n > 0\}} s_n < S \right\} \qquad (3)$$

定義により、$p^* = P(v, s)$ より低い価格では、ナップサック内のスペースに超過需要が生じる。厳密な均衡価格が存在しない一般的なケースでは、p^* よりも高い価格では強い超過供給が生じる。この問題について何らかの厳密な均衡価格が存在するなら、p^* はそうした価格である。

同じ価格 p^* には、ナップサック内のスペースの限界価値に相当するという、緩和ナップサック問題において妥当な解釈もある。対照的に、(「離散的な」) ナップサック問題では、わずかなスペースを追加することの限界価値はつねにゼロなので、価格を限界価値に設定することは、厳密な市場均衡のケースでうまくいって、ナップサック問題では、スペース節約のための効率的な投資に影響を与えたり、それを導いたりという役目は果たさない。

ナップサック問題の文脈で、投資のレベルが効率的かどうかを検証するのは難しい。これを確認することは、(異なる投資パターンに対応する) 複数のナップサック問題を解く必要があるため、少なくとも、単一のナップサック問題の最適性を検証するのと同じくらい難しくなる。品物の所有者が価格受容者の役割を果たすようにして、疑似均衡価格 p^* を使って投資を導くことで、問題を簡略化するとしたらどうなるだろうか。

そうした問題を調べるために、それぞれの品物の所有者 n が、自らの品物の大きさと価値を左右する投資をおこなえるような、新たなモデル (「投資ありのナップサック問題」) を導入する。所有者の選択機会は、このモデルにおいては3つ組の有限集合 $C_n \subseteq \mathbb{R}_+ \times \mathbb{R}_{++} \times \mathbb{R}_+$ で表される。ここで選択肢 $c_n = (v_n, s_n, i_n) \in C_n$ は、参加者 n が価値と大きさの特徴 (v_n, s_n) を持つ単一の品物を獲得するために、投資 i_n をおこなうことを規定する。ただし

ここでは $s_n > 0$ かつ $(v_n, i_n) \geq 0$ である。投資ありの問題はさらに、ナップサックの大きさも記述する。

定義

1. 投資ありのナップサック問題は、$\left(S, (C_n)_{n=1}^{N}\right)$ という $(N+1)$ 組で表せる。このとき $S > 0$ かつ $C_n \subseteq \mathbb{R}_+ \times \mathbb{R}_{++} \times \mathbb{R}_+$ である。

2. 投資ありのナップサック問題 $\left(S, (C_n)_{n=1}^{N}\right)$ の疑似均衡は、次の2つの条件を満たす組 $(p^*, c^*) = \left(p^*, (v_n^*, s_n^*, i_n^*, x_n^*)_{n=1}^{N}\right)$ である。

　(i) $(v_n^*, s_n^*, i_n^*, x_n^*)$ は $\max_{(v_n, s_n, i_n) \in C_n, \, x_n \in \{0, 1\}} (v_n - p^* s_n) x_n - i_n$ を解き、かつ

　(ii) $p^* = P(v^*, s^*)$

　疑似均衡の定義のうち、条件 (i) で言っているのは、所有者は与えられた選択肢から最適な選択をし、価格 p^* が自らの選択の影響を受けないかのようにふるまうということだ。その所有者がそう仮定するのは間違っている可能性がある。スペースの価格は、関数 P で記述されるように、彼らの共同投資の選択に依存するからだ。条件 (ii) はその依存について記述している。この条件は、ナップサック内のスペースの価格は、短期的な疑似均衡条件によって決まるということを言っている。既存の投資決断を考慮すると、その価格は、ナップサックが満杯になったり、中に入れすぎたりすることのない「最低の」価格になる。条件 (i) と (ii) を合わせて考えれば、簡単にいえば p^* が長期的な疑似均衡価格でもある、つまり「長期的な」選択肢 c^* もまた p^* に依存することを意味している。

　一般的にいって、それぞれの所有者によるスペースの「長期的

な」需要は、スペースの市場価格の非増加ステップ関数になる。一般的な選択肢 S について、厳密な市場均衡を支持する価格は存在しないが、一意な疑似均衡価格はつねに存在する。

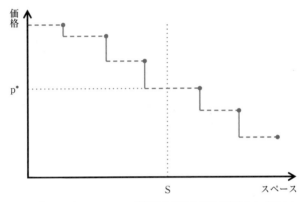

図2.2　ナップサック内のスペースの長期的な需要を価格の関数として表すと、ステップ関数（図中の垂直の実線）になる。任意のナップサック内のスペースの大きさ S に対して、一意な疑似均衡価格 p^* がある。これより高い価格では、需要は供給と等しいかそれ未満になり、需要が供給を強く超過する。

　疑似均衡における所有者によるスペース節約のための投資は、一般的には効率的にはならず、個別の品物の所有者がそれに関して大きなミスをする可能性すらある。ここではその点について例を使って説明する。

例

　2つの品物があるとする（$N=2$）。ナップサック内のスペースの合計は $S=2$ である。1つめの品物の所有者Aの可能な選択肢は $C_A=\{a_1, a_2\}=\{(9, 3, 0), (2, 1, 1)\}$ であり、2つめの品物の所有者Bの可能な選択肢は $C_B=\{b_1, b_2\}=\{(3, 3, 0), (3, 1, 1)\}$ である。最適解では、どちらの所有者も品物の大きさを小さくする選択肢に投資し、どちらの品物もナップサックに詰められる。

このモデルの一意な疑似均衡では、スペースの価格は $p^*＝3$ であり、どちらの所有者も投資ゼロとすることが最適だと気づく。こうした選択は、スペースの価格を考慮すれば、所有者の利益を最大にするものだ。さらに投資がゼロであることを考えれば、どちらの品物もナップサックに入らないので、短期的な価格公式によって、その価格は3でなければならない。疑似均衡においては、ナップサックは空のままになる。

　一般的な疑似均衡の効率を評価するため、ここで疑似均衡配分の総価値 V^* と投資ありのナップサック問題の最適な価値 $\overline{V}$ を比較する。これら2つの価値は、式 (4) と (5) で与えられる。

$$V^* \stackrel{\text{def}}{=} \sum_{n=1}^{N}(v_n^* x_n^* - i_n^*) \qquad (4)$$

かつ

$$\overline{V} \stackrel{\text{def}}{=} \max_{(v_n, s_n, i_n) \in C_n,\, x_n \in \{0, 1\}} \sum_{n=1}^{N}(v_n x_n - i_n)$$
$$\text{subject to } \sum_{n=1}^{N} x_n s_n \leq S \qquad (5)$$

命題2.9

$\left(p^*, (v_n^*, s_n^*, i_n^*, x_n^*)_{n=1}^{N}\right)$ を疑似均衡とし、$\overline{V}$ を(5)のように定義する。このとき、$\overline{V} \geq V^* \geq \overline{V} - p^*(S - \sum_{\{n|v_n^* - p^* s_n^* > 0\}} s_n^*)$ である。

　私たちは、$p^*(S - \sum_{\{n|v_n^* - p^* s_n^* > 0\}} s_n^*)$ を、ナップサック内の空きスペースの価値と解釈する。この「価値」は疑似均衡価格を使って計算される。命題2.9が言っているのは、この価値が最適値と、疑似均衡によって入れられた品物の価値の差の上界だということだ。

命題2.9の証明

　問題(5)の変形版として、まず目的関数に項 $p^*(S - \sum_{n=1}^{N} s_n x_n)$ を加え（この項は実行可能集合について非負である）、次にナッ

プサック制約を削除するような問題を考える。この代わりとなる問題において、価値は次のようになる。

$$\bar{V} = \max_{(v_n, s_n, i_n) \in C_n, x_n \in \{0, 1\}} \sum_{n=1}^{N} \Big(x_n(v_n - p^* s_n) - i_n \Big) + p^* S \qquad (6)$$
$$= p^* S + \sum_{n=1}^{N} \max_{(v_n, s_n, i_n) \in C_n, x_n \in [0, 1]} \Big(x_n(v_n - p^* s_n) - i_n \Big)$$
$$= V^* + p^* \Big(S - \sum_{\{n \mid v_n^* - p^* s_n^* > 0\}} s_n^* \Big)$$

(6) を導き出すために (5) におこなう2つの変更は、それぞれが最大値を増加させるだけなので、$\bar{V} \leq \bar{\bar{V}} = V^* + p^*(S - \sum_{n=1}^{N} s_n^* x_n^*)$ である。∎

　疑似均衡価格の式では、価値 v_n^* と大きさ s_n^* を所与とみなすが、これらは価格を所与とみなすような、前向きな投資選択の結果である。疑似均衡では、自らの品物 n が後にナップサックに含まれない所有者はみな投資をおこなわない（最低レベルの i_n を選択する）。これによって大きさと価値が決まり、$x_n = 0$ が選択される。

　命題2.9は、疑似均衡の非効率性の興味深い境界を与える。以前私たちは、シンプルなナップサック問題において、不効率なパッキングによる最悪損失が、同様に計算された均衡価格とナップサックの空きスペースの積によって、タイトに制限されうることを見いだしていた。投資ありのナップサック問題では、状況はさらに悪いように思える。損失は、非効率なパッキングと、非効率な投資選択の2通りの形で生じうるからだ。前述の例は、まさに不適切な投資決定がおこなわれる場合があることを示している。それでもやはり、命題2.9に従えば、両方の非効率性に起因する最悪損失の総額の境界は、同様に積の形を取る。これによって「まずまずよい」投資の動機が見つかるかどうかは、解釈の問題であり、そこでは例と同時に定理も役に立つ。

2.3.4 ナップサック内のスペースの均一価格オークション

疑似均衡構造はとてもシンプルだが、価格がどのようにして見つかるかはわからない。私たちの目標は、貪欲アルゴリズムの変形版に基づいた耐戦略的直接メカニズムを使って、その価格を見つけることだ。この変形版を「縮約（truncated）貪欲アルゴリズム」と呼ぼう。それは貪欲アルゴリズムの跡をたどるが、早く終了して、結果として標準的な貪欲アルゴリズムで詰められた品物の部分集合だけをナップサックに詰めるためだ。

したがって、標準的な貪欲アルゴリズムに早期終了条件を加えることで、勝者選択ルール α_{Trunc} を定義する。終了前のそれぞれのラウンドでは、縮約アルゴリズムは貪欲アルゴリズムと同じように機能するが、$\sum_{j=1}^{\hat{n}} s_j > S$ となるような品物 $\hat{n}$ と最初に遭遇した時点で、品物の処理をやめる。したがって、このアルゴリズムでナップサックに詰める品物は、$\alpha_{\text{Trunc}}(v, s) = \{1, \ldots, \hat{n} - 1\}$ すなわち $\alpha_{\text{Trunc}}(v, s) = \{n \mid p_n > P(v, s)\}$ で与えられる。これは、疑似均衡でナップサックに詰めた品物の集合と同じである。さらに定義により、$P(v, s) = p_{\hat{n}}$ である。

縮約貪欲アルゴリズムでは、標準的な貪欲アルゴリズムで除外される品物を詰めることは決してないものの、その最悪の場合のパフォーマンスの境界は同じである。

命題2.10

縮約貪欲アルゴリズムでナップサックに詰められる品物の集合の総価値を $V^{\text{Trunc}} = \sum_{j=1}^{\hat{n}-1} v_j$ とする。そうすると、$\bar{V} \geq V^{\text{Trunc}} \geq \bar{V} - P(v, s) S_{\hat{n}}$ である。さらに下界もタイトである。つまりすべての $(v_n, s_n)_{n=1}^{\hat{n}-1}$ と、あらゆる $\varepsilon > 0$ について、$V^{\text{Trunc}} \leq \bar{V} - P(v, s) S_{\hat{n}} + \varepsilon$ であるような N と $(v_n, s_n)_{n=\hat{n}}^{N} \in \mathbb{R}_+^{N+1-\hat{n}} \times \mathbb{R}_{++}^{N+1-\hat{n}}$

が存在する。

　この命題の証明は、基本的には命題2.6の証明と同じである。

　この勝者選択ルールがほかに述べているのは、そのしきい値価格が疑似均衡のしきい値価格に似ていることである。

命題2.11

　縮約貪欲アルゴリズムと関連する勝者選択ルール α_{Trunc} は単調である。その対応するしきい値オークションでは、任意の勝者 n の入札額は $P(v, s)s_n$ になる。この「縮約貪欲しきい値オークション」は耐戦略的である。

命題2.11の証明

　定義により、$v_n/s_n > P(v, s)$ のとき、かつそのときにかぎり $n \in \alpha_{\text{Trunc}}(v, s)$ であり、このことから、α_{Trunc} が単調であることと、n のしきい値価格が $P(v, s)s_n$ であることの両方が証明される。命題の3つめの主張（耐戦略性）は命題2.7から得られる。■

　したがって、投資選択肢のない特別なケースでは、縮約貪欲しきい値オークションによって、疑似均衡配分と、オークション参加者のための疑似均衡価格の両方が計算される。

2.3.5 ナッシュ均衡投資

　ここまで、疑似均衡における投資選択について調べてきた。そこでは、所有者が価格受容者としてふるまうと仮定される。この仮定の1つの根拠といえるのが、自らの価値報告を操作することによって、所有者が品物を詰めるために支払わねばならないしき

い値価格を変えることはできないという点だ。しかし所有者は自分自身の投資を通して、スペースの価格に影響を与えることはできる。関数 $P(v, s)$ はまさにその影響を表している。

標準的な経済学パラダイムによれば、私たちはナップサック問題を、どの品物を詰めるかを選ぶ問題としてではなく、やや異なる方法で、それぞれの入札者に割り当てるスペースの量を決める問題として定式化しているということになる。この観点に立てば、品物の所有者は単に、ある特定の価格で提供される均質なコモディティ（ナップサック内のスペース）の購入者ということになる。

買い手の少ない市場ではよくあるように、買い手には、スペースの価格を疑似均衡価格と比較して安く抑えるために、スペースに対する自分の需要をわざと減らすインセンティブがある。しかし、この論拠には2つの問題点がある。1つめの問題点は、それぞれの所有者は詰めるべき品物を1つだけ持っているという事実から生じる。所有者が需要を隠せば、価格を下げることはできても、より低い価格から利益を得ることはできない。そうした難点があるので、所有者がスペースを節約する投資によって利益を得る可能性はやはり残っている。そして買い手はスペースを節約するうえで、最適な水準を超える投資をしようという気になると予想される。

2つめの問題点は、疑似均衡価格は負けた買い手によって設定されており、そうした買い手には、たとえ総価値を最大化する配分で投資するように求められても、自分の品物の品質や価値に投資するインセンティブがないことだ。こうした注意点があるため、定式化された表現には微妙な意味合いが出てくる。

投資の問題を数学的に扱うために、私はこの先でゲーム理論に基づいた定式化を用いる。ゲーム理論になじみがない、あるいは忘れている読者のために、ここで少し脱線して、この先で使うゲ

ーム理論の概念を詳しく述べたい。

ゲーム理論の説明（余談）

定義

「（戦略型）ゲーム」は3つ組 $\Gamma = \left(N, (\mathcal{S}_n)_{n \in N}, (\pi_n)_{n \in N}\right)$ である。ここで N はプレイヤーの集合、$\mathcal{S}_n$ はプレイヤー n が利用できる戦略の集合である。また $\pi_n : \times_{j \in N} \mathcal{S}_j \to \mathbb{R}$ はプレイヤー n の利得関数であり、プレイヤーの利得を、全プレイヤーによってプレイされる戦略プロファイルの関数として規定する。

　一部のゲームでは、入札者がプレイすべき戦略が明確である可能性がある。その理由をおおまかにいえば、ほかのプレイヤーがどの戦略を選ぶかに関係なく、そのプレイヤーはほかの戦略よりその戦略をプレイするほうがうまくいくからだ。そうした戦略を「支配戦略」と呼ぶ。支配性の厳密な定義にはもっと微妙な意味合いがあり、場合によっては支配戦略が代わりの戦略と同じ程度にしか優れていないこともありうる。とはいえ代わりの戦略より劣ることはないし、優れている場合もある。

定義

　ほかのすべての戦略 $\hat{s}_n \in \mathcal{S}_n$ について、次の2つの条件が満たされるならば、戦略 $s_n \in \mathcal{S}_n$ はプレイヤー n にとって支配戦略である。（1）ほかのプレイヤーのあらゆる戦略プロファイル $s_{-n} \in \mathcal{S}_{-n}$ について $\pi_n(s_n, s_{-n}) \geq \pi_n(\hat{s}_n, s_{-n})$ であり、（2）ほかのプレイヤーのある戦略プロファイル $\hat{s}_{-n} \in \mathcal{S}_{-n}$ について $\pi_n(s_n, \hat{s}_{-n}) > \pi_n(\hat{s}_n, \hat{s}_{-n})$ である。

　この定義は、前に扱った耐戦略的メカニズムの定義と密接につ
ながっている。関連するゲーム（プレイヤーの価値を変更するこ
とで生まれる）において、正直に報告することがつねに支配戦略
ならば、メカニズムは耐戦略的である。

　戦略型ゲームについて、最も有名な解はJohn Nash（1950）が
提案したものだ。

定義

　ゲーム $\Gamma = \left(\mathcal{N}, (\mathcal{S}_n)_{n \in \mathcal{N}}, (\pi_n)_{n \in \mathcal{N}} \right)$ が与えられたとき、すべての
プレイヤー $n \in \mathcal{N}$ について $s_n^* \in argmax_{s_n \in \mathcal{S}_n} \pi_n(s_n, s_{-n}^*)$ ならば、
戦略プロファイル $s^* \in \times_{j \in \mathcal{N}} \mathcal{S}_j$ は「純粋ナッシュ均衡」である[11]。

　戦略プロファイル s^* が純粋ナッシュ均衡である場合、ほかの
プレイヤーも均衡戦略をプレイしていることを考慮すれば、それ
ぞれのプレイヤーの戦略は、そのプレイヤーが自らの利得を最大
化するためにできる最善の選択になる。ナッシュ均衡については、
現実的な場面において、かつそれが行動の優れた説明になる可能
性がある状況でさまざまな解釈がなされ、ゲーム理論の研究者の
大きな注目を集めてきた。ゲーム理論になじみのない読者は、こ
の分野には異論が多いことに注意してほしい。また、ナッシュ均
衡プレイがつねに期待されるわけでもなければ、（ナッシュ均衡
が複数ある場合に）すべてのナッシュ均衡が同じ確率で起こりう
るということでもない。こうした問題についての議論は本書の範
囲を超える。

ふたたび投資ゲームについて

　ゲームモデルでは、プレイヤーはナップサック問題における品

物の所有者にあたる。そうしたプレイヤーが投資をおこなった後の、価値を報告する時点以降のメカニズムは耐戦略的であることに注意しよう。正直に報告することは、すべてのプレイヤーにとっての支配戦略である。投資インセンティブに焦点を当てて分析をおこなうため、ここではそれぞれのプレイヤーが正直に報告すると仮定することで価値報告の手番を捨象し、投資だけを戦略的な意思決定として扱うようなゲームを定式化した。

定式化すると、このゲームは、プレイヤーが所有者であり、所有者 n の戦略が $c_n = (v_n, s_n, i_n) \in C_n$ であるゲームだといえる。ここで $c \stackrel{\text{def}}{=} (c_1, ..., c_N)$ とする。所有者の利得は次のようになる。

$$\pi_n(c) = \left(v_n - P(v, s)s_n\right)1_{\{v_n > P(c)s_n\}} - i_n$$

このゲームの定式化にあたって、主に気づくのは、既に説明した単純な経済的直観は、この問題を十分に説明していないことだ。そこでは、複数のナッシュ均衡が存在する可能性、つまり複数の戦略プロファイルがいずれもナッシュ均衡であるような可能性を見落としているのだ。こうしたことの一部には、入札者が相互利益を得られる結果に連携して対処しなかったことが関係している。以下はそれを示す例である。

例

2つの品物がある（$N = 2$）。ナップサック内のスペース合計は $S = 2$ である。1つめの品物の所有者 A に可能な選択は $C_A = \{a_1, a_2\} = \{(12, 3, 0), (2, 1, 1)\}$ であり、2つめの品物の所有者 B に可能な選択は $C_B = \{b_1, b_2\} = \{(9, 3, 0), (3, 1, 1)\}$ であるとする。

このゲームには (a_1, b_1) と (a_2, b_2) の2つの純粋ナッシュ均衡がある。1つめの均衡では、両方の品物の所有者がおこなう投資は0であり、持っている品物は大きすぎてナップサックに入らない。

そして均衡状態では何も詰められていない。所有者Bにとって利益を生む一方的逸脱はない。なぜならBは、Aの品物が詰められておらず、Aの価値／大きさ比である4を上回ることができないときには、品物を詰めることはできないからだ。所有者Aは、品物を小さくする（同時に価値を低くする）ために投資することができるが、そうすると所有者Bは縮約貪欲アルゴリズムで一番になり、処理を終わらせる。なぜなら、所有者Bの品物はナップサックに収まらないからだ。

2つめのナッシュ均衡では、両方の所有者が1の投資をおこない、両方の品物がナップサックに収まる。この均衡では、それぞれの所有者が受け取るスペースに支払う価格は0である。

ナッシュ均衡の存在定理（Nash, 1950；あるいは現代の教科書ではFudenberg and Tirole, 1991とされる）が約束しているのは、プレイヤーと戦略が有限のゲームには必ず、少なくとも1つの混合均衡が存在するということだけだが、後で提示する命題のおかげで、純粋ナッシュ均衡だけに目を向けることができる。

図2.2のように、疑似均衡では必ずしもナップサックが満たされないと仮定しよう。ナッシュ均衡では疑似均衡とは異なり、それぞれの所有者／ゲームのプレイヤーは、ナップサック内のスペースに支払わなければならない価格に自分の投資選択が影響するかもしれないという事実を説明できる。そうした投資が利益をあげられるのは、ナップサック内にスペースを勝ち取った品物の場合のみなので、負けたプレイヤーnは投資をしない。つまり負けたプレイヤーは、最小価値i_nを持つ選択c_nをおこなう。

前に説明したとおり、需要法則に従えば、需要曲線は下向きに傾く。これは価格が増加した場合、問題になっている財に対する買い手の需要が減少するという意味だ[12]。その結果として、疑似均衡の条件から始めて、1人の参加者のスペースに対する需要が

増加する場合、それを相殺するものとしてほかの参加者の需要量を減少させるために、新たな疑似均衡価格は少なくとも多少は前よりも増加するはずだ。したがって、勝者である入札者が自分の品物を小さくして、スペースへの需要を小さくするならば、疑似均衡価格は（やや）減少するはずだ。定式化すると、n が勝者であり、$s_n < s'_n$ であるような任意の c_n と c'_n について、$P(c_n, c^*_{-n}) \leq P(c'_n, c^*_{-n})$ という結論になる。

こうした事実は、さらに次のような結論につながる。

命題2.12

投資のある任意のナップサック問題 $\left(S, (C_n)_{n=1}^N\right)$ について、$\hat{c}$ を縮約貪欲オークションメカニズムの純粋ナッシュ均衡とし、対応する疑似均衡の選択を c^* で表す。そうすると (i) $P(\hat{c}) \leq P(c^*)$ かつ (ii) $v^*_n > P(c^*)s^*_n \Rightarrow \hat{v}_n > P(\hat{c})\hat{s}_n$ になる（価格はナッシュ均衡よりもやや低く、疑似均衡において詰められたあらゆる品物はナッシュ均衡でも詰められる）。

命題2.12の証明

まず、(i) とは反対に $P(\hat{c}) > P(c^*)$ と仮定する。この場合には $P(\hat{c})$ は疑似均衡価格でなければならず、疑似均衡価格の一意性と矛盾することを論じていこう。

n の価格受容による利益を π_n で示し、個別の最適な選択を $\bar{c}$ で記述し、$P(\hat{c})$ を所与とする。任意のナッシュ均衡の勝者 $w \in \hat{\mathcal{W}}$ について、$\pi_w\left(\hat{c}_w, P(\hat{c})\right) \geq 0 \Rightarrow \pi_w\left(\hat{c}_w, P(c^*)\right) > 0$ である。したがって、それぞれの $w \in \hat{\mathcal{W}}$ は疑似均衡 $P(c^*)$ において正の量のスペースを要求するはずだ。さらに需要法則により $P(\hat{c}) > P(c^*) \Rightarrow \bar{s}_w \leq s^*_w$ であり、これは $\sum_{w \in \hat{\mathcal{W}}} \bar{s}_w \leq \sum_{w \in \hat{\mathcal{W}}} s^*_w \leq S$ を意味する。そのため、$w \in \hat{\mathcal{W}}$ について $\hat{c}_w$ を使うと、勝者の非

負の需要はやはり S に収まる。

次に、（投資決定の内部化によって）既に説明したとおり、どのプレイヤーについても $\bar{s}_n \geq \hat{s}_n$ である。したがって、それぞれのナッシュ均衡の敗者 $l \in \hat{\mathcal{L}}$ について、$\bar{s}_l$ はやはり S に収まらないだろう。そのため、$\bar{c}_l$ はやはり敗者となる配分であり、すべての $l \in \hat{\mathcal{L}}$ について、$\bar{\imath}_l = \hat{\imath}_l = \min\{i_l : c_l \in C_l\}$ かつ $\pi_l(\bar{c}_l, P(\hat{c})) = -\bar{\imath}_l$ である。したがって $P(\hat{c})$ を所与とすると、最適プロファイル $\bar{c}$ は、あらゆるプレイヤーにとって実行可能な配分となる。

ほかにすべきことは、$P(\hat{c})$ が $\bar{c}$ を支持する下限価格であることの証明だけだ。$P(\hat{c})$ よりも低い任意の価格 P' を考える。$P(\hat{c})$ の定義から、$\hat{v}_i - P'\hat{s}_i > 0$ であり、$\pi_l(\hat{c}_l, P') > -\hat{\imath}_l = -\bar{\imath}_l$、つまり超過需要を引き起こす $\bar{l}$ による有益な逸脱を意味する $\bar{l} \in \hat{\mathcal{L}}$ が少なくとも1つ存在する。そうすると、$P(\hat{c})$ が疑似均衡価格であることと矛盾する。そこで結論は $P(\hat{c}) \leq P(c^*)$ となる。(ii) は、(i) と需要法則から明らかである。■

私たちがナップサック問題について得た重要な知見を、直観的に表現すれば次のようになる。

- ナップサック問題は、異なる品物がナップサック内のスペースを争う場合に、ある種の近似的代替をともなう。品物は大きさが異なることがあるので、品物間での代替の割合に制約はない。例えば、ナップサック内の大きな品物1つをそれより小さな品物2つで置き換える場合がある。それはケルソ＝クロフォードモデルにおいて、労働者を1人増やすと、企業はほかの労働者0人または1人を置き換えさせられることとは対照的だ。

- ナップサック問題は計算が難しく、NP困難なクラスの問

題である。

- しかし大部分のナップサック問題では、単純な貪欲アルゴリズムによって、最適解をまずまず近似する解を発見できることが多く、さらにそうした解にともなう最大損失の境界を決められるというメリットがある。

- 貪欲アルゴリズムには、「貪欲しきい値オークション」と呼ばれる、関連する耐戦略的オークションがある。

- ナップサック問題の拡張版である「投資ありのナップサック問題」は、品物の所有者が自分の品物を小さくしたり、価値を高めたりすることに投資するインセンティブを調べる。

- 「疑似均衡」では、それより高い価格ではナップサックが詰め込みすぎになり、それより低い価格では詰める品物が不足するような、一意な価格が決まる。そうした疑似均衡には、スペースが分割可能なケースについての均衡モデルとの類似性がある。

- 投資ありのナップサック問題において、疑似均衡の結果によって与えられる損失の境界は、投資のないモデルでの境界と同じ形式を取る。このことは、不十分な投資インセンティブによる価値の損失は少ない可能性があることを示している。しかし疑似均衡は、品物の所有者による価格受容行動を前提としている。

- 疑似均衡の価格と配分は、「縮約貪欲アルゴリズム」によって計算できる。このアルゴリズムは耐戦略的な直接オークションメカニズムである。

- 「縮約貪欲オークション」に起因する投資は、疑似均衡と同じかそれより低い価格をもたらす。

2.4 割り当ての制約と1対1の代替財

　このセクションでは、競売人が1人と入札者が複数いるような問題についてもう一度考える。今回は買い手が1人、売り手が複数というケースだ。このセクションのモデルと以前のモデルには、重要な違いが2つある。1つは、競売人には単なる1つのナップサック制約だけでなく、多くの制約があること、もう1つは、ケルソ＝クロフォードモデルと同じように、制約から導かれる代替物の局所的な代替率がつねに0か1であることだ。これはつまり、品物の集合Sが与えられたとき、これに品物nを1つ追加したい場合に品物の部分集合$T \subseteq S$を取り除くことでその品物のスペースを作れるならば、それ1つだけを取り除けばスペースを作れるような品物$m \in T$が存在することを意味する。ナップサック問題においては、これはすべての品物が同じ大きさであるケースに対応する。

　その中心的な考えを例示するために、企業がある仕事をするのに十分な労働者チームを雇う必要があるケースや、政府が検討中の別の用途のために周波数を空けるのに十分な数の放送局を集める必要があるケースについて考えよう。議論をわかりやすくするため、買い手の目的は、自らのニーズを満たすのに十分な品物の集合の購入費用を最小化することだと仮定する[13]。ここで考える抽象的なモデルでは、売り手と、売り手が供給する財を区別する必要がないので、両方をnで表す。売り手nがその財につける価値はv_nで表す。この場合$0 < v_n < \bar{v}$である。受け入れ可能な財の集合を$\mathcal{A}$で表す。つまり財Sの集合は、$S \in \mathcal{A}$のとき、かつそのときにかぎり受け入れ可能だということだ。買い手の目標は、購入すべき最も価格の低い品物の集合を特定すると同時に、その制約を満たすことである。

これまでのところ、この定式化はナップサック問題を特殊ケースとして含んでいるが、以前のセクションと比べて変更した点がある。この定式化での財にはさまざまな大きさがあり、受け入れ可能な集合 $S \in \mathcal{A}$ が、少なくとも特定の合計サイズを達成できる集合ならば(あるいは言い換えれば、その補集合 S^c がたかだかある合計サイズなら)、敗者を選ぶ問題はナップサック問題になるだろう。その問題の近似最適解は、以前説明した貪欲アルゴリズムを使えば見つけられる。

このセクションでは、売り手が獲得しない財の集合の観点で与えられる、複数の制約を考慮する。例えばインセンティブオークションでは、無線ブロードバンド利用に周波数を割り当て直すために、政府は、自らが周波数を獲得しないので、テレビ信号を送出し続けることになるチャンネルを放送局に割り当てる必要がある。さらにチャンネル割り当てでは、信号が互いに干渉しないように調整しなければならない。これには多くの異なる制約が潜在的に関与している。例えば、ニューヨークとボストンのチャンネルに割り当てられる放送局の数は、別々の制約によって制限される。さらに、ボストンとニューヨークの両方の都市からの信号が、その間にある、コネチカットなどの都市の放送局の信号と干渉する場合には、2つの都市に残る放送局の数にも全般的な制約を与える可能性がある[14]。

任意の財の集合 $S \subseteq \mathcal{N} = \{1,...,N\}$ を与えられたとき、S^c がその補集合を表すとしよう。$\mathcal{A}$ は買い手が受け入れを実行可能な財の集合の系を表すので、$\mathcal{R} = \{S \mid S^c \in \mathcal{A}\}$ は買い手が拒否することが実行可能な財の系からなる。ここでの問題は、獲得される放送局の集合 A の費用(価値)の合計を最小化すること、あるいは言い換えるなら、獲得されない放送局の集合 R の総価値(費用)を最大化することである。$v(R) \overset{\text{def}}{=} \sum_{n \in R} v_n$ と定義して、この問題

を次のように定式化する。

$$\max_{R \in \mathcal{R}} v(R) \qquad (7)$$

このセクションでは、買い手が少なくとも何らかの財の集合を獲得する必要があり、そうした財が1対1の代替財であるケースを分析する。これは、系$\mathcal{R}$に次のような数学的性質があることを意味する。

(1) 実行可能性：$\emptyset \in \mathcal{R}$

(2) 自由処分：任意の集合$S \in \mathcal{R}$と任意の部分集合$S' \subset S$について、$S' \in \mathcal{R}$でなければならない。

(3) 拡大公理（1対1の代替）：S、$S' \in \mathcal{R}$が与えられるとき、$|S| > |S'|$ならば、$S' \cup \{n\} \in \mathcal{R}$であるような$n \in S - S'$が存在する。

数学的には、（1）から（3）の性質を持つ系$\mathcal{R}$は「マトロイド」と呼ばれる[15]。経済学用語では、性質（1）は問題が実行可能だということを言っている。つまり、買い手が自分のニーズを満たす何らかの方法があるということだ（例えば、あらゆるものを受け入れて、何も拒否しない）。性質（2）が言っているのは、品物を増やしても買い手の害にならない、つまりS内の品物を拒否してS^c内の品物を獲得することで、買い手が自分のニーズを満たせるなら、集合S'を拒否してそれより大きな集合S'^cを獲得することでもニーズを満たせるということである。性質（3）は、1対1代替という経済学的な考えに対応する。つまり任意の集合Sの極大独立部分集合はすべて、要素数が同じだということだ。ナップサック問題を同じ方法で定式化して、$\mathcal{R}$はナップサックに収まる品物の集合からなると規定していたら、そうした条件は一般的に

は満たされないだろう。ナップサックは一般的には、1つの大きな品物で完全に満たされることもあれば、いくつかの小さな品物で満たされることもあるからだ。

例

1. $N = 15$ であり、買い手は少なくとも10個の品物を獲得する必要があり、その10個はどの品物でもよいとする。そうすると $\mathcal{R}$ は、品物の数が5個以下であるような N のすべての部分集合からなる。この例で、先ほどの性質（1）から（3）までを確認しよう。

 a. $\mathcal{R}$ は空集合を含む（$\varnothing \in \mathcal{R}$）。

 b. $S \in \mathcal{R}$ ならば、S はたかだか5個の要素しか持たないので、任意の部分集合 $S' \subset S$ はたかだか4個の要素しか持たない。したがって $S' \in \mathcal{R}$ である。

 c. $|S| > |S'|$ ならば、(i) S' は厳密に5個より少ない要素を持ち、(ii) ある要素 $n \in S - S'$ が存在する。S' は n の追加によって拡大されてもいぜんとして5個を上回らない数の要素を持つ。

2. 買い手は、$N = 15$ の品物の集合から少なくとも10個の品物を獲得する必要があるが、その品物のうち少なくとも2個は青色で、3個は赤色でなければならないとする。ここでの色は、それぞれの品物の固定属性である。N には $b \geq 2$ 個の青色の品物と $r \geq 3$ 個の赤色の品物が含まれるとする。そうすると $\mathcal{R}$ は、品物の数が5個以下であり、青色がたかだか $b - 2$ 個、赤色がたかだか $r - 3$ 個であるような N のすべての部分集合からなる。

 a. $\mathcal{R}$ は空集合を含む。

 b. $S \in \mathcal{R}$ が5個以下の品物を含み、そのうち $b - 2$ 個以下

が青色、$r-3$ 個以下が赤色ならば、任意の部分集合 $S' \subset S$ はそれらと同じ性質を持つので、$S' \in \mathcal{R}$ である。

c. 拡大公理については、S, $S' \in \mathcal{R}$、および $|S| > |S'|$ であると考える。S' と比較すると、集合 S は、(i) 青色の品物をより多く含む、(ii) 赤色の品物をより多く含む、(iii) 青色でも赤色でもない品物をより多く含む、のいずれかである。S' を拡大するには、(i) のケースでは S から青色の品物を追加し、(ii) のケースでは S から赤色の品物を追加し、(iii) のケースでは S から、青色でも赤色でもない品物を追加すれば、すべての制約を満たし続けることができる。

3. あるスポーツチームにそれぞれ $\{1,...,K\}$ とラベルがつけられた「K個のポジション」があり、それぞれのポジションに（少なくとも）1人のプレイヤーを雇わなければならない場合を考える。採用候補者は $\{1,...,N\}$ とラベルがつけられ、それぞれのプレイヤー n には、そのプレイヤーがプレイできるポジションの集合 P_n がある。すべてのポジション k について、$\alpha(n)=k$ が $k \in P_n$ を意味するような、プレイヤーへのポジションの割り当て $\alpha : S \to \{1,...,K\}$ が存在するならば、プレイヤーの集合 $S \subseteq \{1,...,N\}$ の受け入れが実行可能である。集合 R は、その補集合の受け入れが実行可能ならば、拒否が実行可能である。プレイヤーの全体集合 $\{1,...,N\}$ の受け入れが実行可能だと仮定しよう。

　a. $\mathcal{R}$ は空集合を含む。

　b. $R \in \mathcal{R}$ かつ $R' \subseteq R$ とする。そうすると $S=\{1,...,N\}-R$ は受け入れられることができ、関連する実行可能な割当関数 α を持つ。$S'=\{1,...,N\}-R'$ とおく。そうすると $S \subseteq S'$ なので、S についての制限が α

と一致する任意の関数 α' は、S' のための割当関数として機能する。したがって $R' \in \mathcal{R}$ である。

c. 拡大公理を証明するために、R、$R \in \mathcal{R}$、$|R| > |\hat{R}|$ であるとする。S と $\hat{S}$ はそれぞれ R と $\hat{R}$ の補集合であり、割当関数 α と $\hat{\alpha}$ を持つとする。$|S| > |\hat{S}|$ なので、$|\hat{\alpha}^{-1}(k)| > |\alpha^{-1}(k)| \geq 1$ であるようなポジション k がいくつか存在する。n を、$\alpha(n) = k$ であるような $\hat{S} - S$ の任意の要素とする。そうすると、要素 $n \in R$ を加えることによって $\hat{R}$ を拡大できる。

ここで説明した3つの性質は、財が「代替財」であるような特定の経済学的配分問題だけでなく、組み合わせ数学で使われる、よく知られた「マトロイド」構造の特徴を表している。こうした構造は、多くの種類の応用例に繰り返し登場する。以下のセクションでは、標準的な数学用語が、私たちの経済学への応用例の用語にどう対応するかを説明する。

マトロイド理論の用語

• 潜在的に利用可能な品物の集合 $\mathcal{N}$ は、「台集合」と呼ばれる。

• 拒否される可能性がある品物の集合 $\mathcal{R}$ 内の集合は、「独立集合」と呼ばれる。

• 独立集合 $\mathcal{R}$ の系は、性質（1）から（3）を持つとき、かつそのときにかぎり、「マトロイド」である。

• S は、$\mathcal{R}$ の極大元ならば、つまり $S \in \mathcal{R}$ であり、かつすべての $S' \subseteq \mathcal{N}$ について $[S \subset S'] \Rightarrow [S' \notin \mathcal{R}]$ ならば、$\mathcal{R}$ の「基」である。

拡大公理から$\mathcal{R}$の基はすべて同数の要素を持つという性質が容易に導かれ、この性質に後に頼ることになる。

ここでの分析にマトロイドが重要なのは、制約がマトロイドを形成する場合の貪欲アルゴリズムの機能のしかたのためだ。この後で、受け入れられる財と拒否される財の分類をおこなうための貪欲アルゴリズムについて説明する。結果として生じる2つの集合は、A（accepted、受け入れられた）とR（rejected、拒否された）で表す。その過程において、n回目の繰り返しで部分的に構築される集合を、それぞれR_nおよびA_nで表す。

貪欲拒否アルゴリズム

$v_1 \geq \ldots \geq v_N$となるように、添え字を並べる。

1. $R_0 = A_0 = \varnothing$および$n = 0$とおく。

2. nを1増加させる。

3. $n = N+1$ならば、処理を停止して、$R = R_N$と$A = A_N$を出力する。

4. $R_{n-1} \cup \{n\} \in \mathcal{R}$ならば、$R_n = R_{n-1} \cup \{n\}$および$A_n = A_{n-1}$とおく。$R_{n-1} \cup \{n\} \notin \mathcal{R}$ならば、$R_n = R_{n-1}$および$A_n = A_{n-1} \cup \{n\}$とおく。

5. ステップ2に戻る。

例

先ほど説明したスポーツチームの例で、$K = 2$および$N = 4$がポジションと採用候補者を表していて、$P_1 = P_2 = \{1\}$、$P_3 = P_4 = \{2\}$、および$v_1 = 3$、$v_2 = 2$、$v_3 = 1$、$v_4 = 0$とする。拒否される可能性のある集合は、$\mathcal{R} = \big\{\{1\}, \{2\}, \{3\}, \{4\}, \{1,3\}, \{1,4\}, \{2,3\}, \{2,4\}\big\}$である。

貪欲拒否アルゴリズムの第1ラウンドでは、$R_1 = \{1\}$ かつ $A_1 = \varnothing$ とおく。第2ラウンドでは、プレイヤー2を拒否できず、$R_2 = \{1\}$ かつ $A_2 = \{2\}$ とおく。4ラウンド終了した段階で、最終配分は $R = \{1, 3\}$ かつ $A = \{2, 4\}$ となるだろう。

　直観的にいえば、このアルゴリズムでは、残っている品物で最も高価なものをつねに評価し、それを拒否することが実行可能ならば拒否し、そうでなければ受け入れるというステップを繰り返すことで、品物を分類している。例えば、拒否することが実行可能な集合が、品物の合計が K 個以下となる集合をすべて含む場合には、貪欲アルゴリズムは価値の高い順から K 個の品物を拒否し、それよりも安い残りの品物をすべて受け入れる。

　ここで検討している問題は、一般的にはナップサック問題とはいえない。制約が異なる形で規定されており、使われているのが貪欲に受け入れる手順ではなく、貪欲に拒否する手順だからだ。それでもやはり、私たちが前に使ったのとほぼ同じ主張が当てはまるし、貪欲アルゴリズムは単調であることもやはり示される。この場合に主張しているのは、ある品物の価値を低くすると、その品物はより後の検討対象となり、拒否されにくくなることだ。命題2.7により、これは次のような命題を導く。

命題2.13

　上で説明した、貪欲拒否アルゴリズムの勝者選択ルールは単調である。それに対応するしきい値オークションは耐戦略的である。

　私たちはこのほかにも2つの性質に注目している。1つめは、これらの問題についての貪欲アルゴリズムのパフォーマンスにかんするものである。

命題2.14

　$\mathcal{R}$ がマトロイドならば、貪欲拒否アルゴリズムの出力 R は（7）の最適解である。

　これは帰納法によって証明できるが、貪欲アルゴリズムの最初の選択だけを考えれば、簡単な直観的説明が得られる。最も価値が高い品物を取り出して良いのはなぜだろうか。それが将来の価値の高い選択をブロックしないのだろうか。その答えは拡大公理にある。k 個の品物の集合 S は最も価値が高い品物を含まないとしよう。そうすると、拡大公理によって、集合 S から繰り返し選んだ品物を、価値が最も高い品物と組み合わせることで、S とは品物が1個だけ異なる k 個の集合 S' を作ることができる。定義により、S' に追加された1個の品物は最も価値が高い品物なので、S' の価値は S の価値より高い。したがって、最適集合は最も価値の高い品物を含まなければならない。

命題2.14の証明

　命題の主張とは反対に、貪欲解 $R=\{r_1,...,r_k\}$ が（7）の最適解ではなく、S が最適解であると仮定しよう。$n=\min\{j\,|\,r_j\notin S\}$ とおく。拡大公理を繰り返し適用することにより、$S''\overset{\text{def}}{=}\{r_1,...,r_k\}\cup S'\in\mathcal{R}$ であるような $S'\subset S-\{r_1,...,r_{n-1}\}$ が必ず存在する。したがって、$S''=S\cup\{r_n\}-\{\hat{s}\}$ を成り立たせるような $\hat{s}\in S'$ も必ず存在する。しかしそうすると、$\sum_{j\in S''}v_j-\sum_{j\in S}v_j=v_{r_n}-v_s>0$ となるので、S は最適解ではありえない。■

　2つめの性質からは、マトロイドの性質が代替性の概念をとらえていることが確認される。直観的にいえば、品物 n の費用の上昇が原因で、別の品物 $m\neq n$ が拒否されることがなければ、財に

対する需要は代替的である。ここで扱うモデルでは、その条件を、最適値が一意であるような価値／費用領域に課している。つまり、$m \notin A^*(v_1, ..., v_n, ..., v_N)$ かつ $m \neq n$ ならば、すべての $v'_n > v_n$ について、$m \in A^*(v_1, ..., v'_n, ..., v_N)$ である。

命題2.15

$\mathcal{R}$ がマトロイドならば、問題（7）の財は代替財である。逆に $\mathcal{R}$ が性質（1）と性質（2）を満たすものの、拡大公理を満たさなければ、問題（7）の財は代替財では $\overset{\cdot\cdot}{ない}$。

命題2.15の証明

$\mathcal{R}$ がマトロイドであると仮定する。$v'_n > v_n$ であり、かつ $i \neq n$ について $v'_i = v_i$ であるような v' を考える。$m \in R^*(v')$ であるような $m \notin R^*(v)$ が存在すると仮定する。ただし $m \neq n$ である。これが矛盾することを証明する。

まず、そうした m のなかで価値が最小のものを $\hat{m}$ とする。つまりすべての $m \in R^*(v') - R^*(v)$ について、$v_m \geq v_{\hat{m}}$ が成り立つ。前に議論したとおり、$|R^*(v)| = |R^*(v')|$ であるので、$|R^*(v)| > |R^*(v') - \{\hat{m}\}|$ である。拡大公理により、$(R^*(v') - \{\hat{m}\}) \cup \{k\} \in \mathcal{R}$ であるような $k \in R^*(v) - (R^*(v') - \{\hat{m}\})$ が存在し、$R^*(v')$ の最適性によって $v'_{\hat{m}} > v'_k$ となる。したがってすべての $m \in R^*(v') - R^*(v)$ について $v_m > v'_k$ が成り立つ。一方、$|R^*(v')| > |R^*(v) - \{k\}|$ であり、$(R^*(v) - \{k\}) \cup \{\tilde{m}\} \in \mathcal{R}$ を満たすような $\tilde{m} \in R^*(v') - (R^*(v) - \{k\})$ が存在する。この場合は、$R^*(v)$ の最適性によって $v_k > v_{\tilde{m}}$ となる。しかしそうすると $v_k > v_{\tilde{m}} \geq v_m > v'_k$ となるので、矛盾が生じる。

逆に、性質（1）と（2）は成り立つが、（3）が成り立たなければ、$|S| > |S'|$ を満たし、すべての $x \in S - S'$ について

$S' \cup \{x\} \notin \mathcal{R}$ が成立するような S、$S' \in \mathcal{R}$ が存在する。それぞれの $x \in S$ について $v_x = 1$ とおき、すべての $x \notin S$ について $v_x = 0$ とおく。こうした価値 v の下では、(7) の最適値が存在し $R^*(v) = S$ となる。品物 $x \in S'$ の価値をそれぞれ $|S| + 1$ へと 1 つずつ増やすと、$S' \subseteq R^*(v')$ である。拡大ができないため、$S' = R^*(v')$ である。したがって、少なくとも 1 つの価値が増加した結果、2 個以上の品物が A^* に加えられたことになる。つまり、$v'_n > v_n$ であるような n について、2 つの異なる要素が m'、$m \in A^*(v_1, \ldots, v_n, \ldots, v_N)$、および m、$m' \notin A^*(v_1, \ldots, v'_n, \ldots, v_N)$ を満たす。$m \neq n$ または $m' \neq n$ であることがわかるので、代替財条件を破ることになる。■

　このセクションで扱ってきたモデルを、その前のケルソ＝クロフォードモデルと比較できる。ケルソ＝クロフォードモデルでは、「企業」が買い手であり、「労働者」は購入される（雇用される）側だった。このセクションのモデルでは買い手が 1 人だけなので、ケルソ＝クロフォードモデルでは企業が 1 社しかない特殊ケースに相当する。より近い形で定式化するために、このセクションのモデルに対して、買い手にとっての財／労働者の明白な価値を追加するような修正をするとしよう。その価値は、受け入れ可能な財／労働者の任意の集合に対して同じ値とし、少なくとも $\sum_{i=1}^{N} v_i$ であるとする。受け入れ不可能な集合では、その価値は 0 とする。このように規定することで、受け入れ可能な集合があるなら、1 つしかない企業がそうした集合を買う／雇うことが最適になるようにする。命題 2.15 は、ケルソ＝クロフォードモデルが要求するように、財が企業にとって代替財であることを認めている。そのため、競り上げ式オークションについてのケルソ＝クロフォードモデルの結論（それが効率的な配分を達成すること）が当ては

まる。この場合、それは結果が総価値を最大化するという意味である。

　直観的にいえば、このセクションで検討した貪欲拒否アルゴリズムは、ケルソ＝クロフォード・オークションアルゴリズムと「双対」である。そのアルゴリズムは、拒否できる品物がなくなるまで、最も高価な品物を拒否するしくみになっている。一方、ケルソ＝クロフォードアルゴリズムは、求めるべき労働者がいなくなるまで、最も望ましい労働者を雇う（「受け入れる」）しくみである。この章で提示したすべてのモデルにおいて、代替財条件は、価格と価値がいずれか片方の方向にのみ作用することを可能にする。つまり、低い価値／価格からスタートして、十分な数の提示が受け入れられるまで増加し続けるか、高い価格／価格からスタートして、十分な数の提示が拒否されるまで減少し続けるかのいずれかだ。

　このセクションの主な結論は次のようになる。

- 任意の制約の集合を包含する、ナップサック問題の集合の上位集合に当てはまるように、特定の貪欲アルゴリズムを定義できる。
    - このアルゴリズムでは、拒否することが実行可能であるかぎり、残っている品物のなかで最も価値の高いものを拒否し続ける。
    - このアルゴリズムは単調であり、対応するしきい値オークションは耐戦略的である。
- 拒否することが実行可能である財の集合の系が与えられるとき、
    - 財についての代替財条件は、拒否された財の集合についてのマトロイド条件によって特徴づけられ、かつ

　　● 代替財のケースに適用される貪欲拒否アルゴリズムは、最適な配分を生み出す。

● マトロイド条件は代替財を特徴づけるので、このモデルをケルソ゠クロフォードモデルの特殊ケースとみなすことができる。その特別な特徴は次のとおりである。

　　● 1つの企業（と企業の需要についてのより詳細なモデリング）が存在する。

　　● その企業の制約が、受け入れまたは拒否ができる品物の集合を決定する。

　　● 個々の品物を十分に獲得する集合の価値はとても高いが、その十分な量を超えると価値はまったくなくなる。

　　● その結果として企業は、獲得する品物の「費用」または「価値」を最小化しようとする。つまり言い換えれば、拒否する品物の費用または価値を最大化しようとする。

3章
ヴィックリー・オークションと代替財

オークションは数千年も前から使われてきたが、経済学で理論的に分析されるようになったのはかなり最近であり、ウィリアム・ヴィックリーの1961年の研究が始まりである。ヴィックリーは、やや難しい資源配分問題に対応する新しい種類のオークションも導入した。ヴィックリーが関心を持っていたのは、オークションから駆け引きを取り除いて、結果の確実性を高め、参加者が入札しやすくすることが可能かどうかということだった。ヴィックリーの理論的なアイデアは、Groves（1973）やClarke（1971）によって公共財の問題に適用できるように拡張された。それがオークションの問題に再度取り入れられた結果、ヴィックリーの研究成果を一般化したものは現在「ヴィックリー・オークション」として知られている。

ヴィックリー・オークションは「直接メカニズム」である。つまり入札者は自分の知っていること（その入札者の「タイプ」と呼ぶ）の報告を求められる。例えば、単一財を購入するオークションにおいて、入札者のタイプは、その入札者がその品物に支払ってもよい最高価格であり、入札者はそれを報告するよう求められるだろう。ヴィックリー・オークションで驚くのは、ほかの入札者がどんな報告をするかに関係なく、正直に報告することがつねにそれぞれの入札者にとって最適であることだ。そうした性質を持つオークションは、耐戦略的であると言われる。

ヴィックリー・オークションを耐戦略的にしているマジックは、入札額から支払額が決定される方法にある。最も有名なヴィックリー・オークションは、単一財を売る場合に適用されるものだ。潜在的買い手はそれぞれ、自分が支払う意思のある最高価格を報告する、つまり「入札する」ように求められる。読者も知っているような最も一般的なオークション（いわゆる「封印入札」）とは異なり、ヴィックリー・オークションの落札者は、自分が入札した金額に等しい価格を支払うわけではない。品物が与えられるのは最高額の入札者だが、落札額は2番目に高い入札額と同じになる。このオークション方式に初めて接する読者がいたら、その論理の流れをたどってみることを勧める。そうすれば、正直に報告することが各入札者にとって本当に最適であることがわかるし、さらにその事実が実際の入札者にとっては一目瞭然ではない理由も理解できるだろう（実際の入札者はこうしたオークションで失敗することがあるのだ）。

そうした知見を、複数の異質財が売られるケースに一般化するにはどうすればよいだろうか。このケースの定式化はのちほどおこなうが、直観的には、一般化ヴィックリー・オークションは次のようなしくみだといえる。それぞれの入札者は、あらゆる関連する結果の価値を記述する情報を提出する、つまり「入札する」よう求められる。次に競売人は、報告された情報を正直なものとして扱い、それを使って、実現しうる価値の総和が最も高くなる結果がどれかを計算する。最後に競売人が価格を決定する。ヴィックリー価格は、ヴィックリー・オークションをほかの方式と最も大きく区別するものである。入札者 n がオークションに参加しなければ、ほかの入札者たちが手に入れる財の総価値は π_{-n} になるとする。入札者 n がオークションに参加して何かを落札した場合、彼らが受け取る総価値はやや少ない π'_{-n} となる。ヴィックリ

ー・オークションでは、入札者 n は $\pi_{-n} - \pi'_{-n}$ を支払う。これは、競売人を含めたほかの人々が受け取る総価値がいぜんとして π_{-n} である、つまり総価値が入札者 n の参加に影響を受けないだけのちょうど十分な額である。

n の支払額をそうした方法で決めれば、入札者 n が競売人の結果の選択にどんな効果を与えても、それがほかの入札者の総利得に影響することはない。結果として、入札者 n が自らの利得を最大化するには、すべての参加者の総利得（入札者 n の実際の利得を含む）を最大化するのがよいと、競売人は納得するだろう。競売人がこのような方法で結果を選択するかぎり、その入札者は自らがつけた価値を正直に報告することで、利得の最大化を達成することができる。

次のセクションでの定式化では、分析に2つの制限があることがわかる。1つめは、n の費用が依存するのは n が持つ情報だけであって、ほかの人の情報には依存しないことだ。これは「私的価値」の仮定と呼ばれ、この分析には不可欠である。2つめは、n の費用が依存するのは n が何を獲得するかということだけであり、ほかの人が何を獲得するかには依存しないことである。この制限は理論的な分析には必要ではないが、オークションのしくみを説明しやすくする。

3.1 ヴィックリー・オークションのモデル、定義、耐戦略性

ここでは、1人の競売人がいて、その競売人は買い手と売り手のどちらかになりうるという、一般的で抽象的なオークション問題を取り上げる。具体的に考えられるよう、競売人は買い手であり、さらに入札者（売り手）が N 人いて、$n = 1, ..., N$ とラベル

144

がつけられているとしよう。それぞれの売り手は、財またはサービス $x_n \in X_n$ を売ると申し出ることができる。例えば、売り手 n が赤色か緑色の製品（両方ではない）を1個提供するか、あるいは何も提供しない場合には、$X_n = \{R, G, \varnothing\}$ とおくことでそれをモデル化できる。売り手 n が0個か1個、2個の緑色の製品と、0個か1個の赤色の製品、あるいはその任意の組み合わせを提供できる場合、実行可能な組み合わせは合計で6通りあり、$X_n = \{\varnothing, (0,1), (1,0), (1,1), (2,0), (2,1)\}$ としてモデル化できる。ここで $\varnothing$ は $(0,0)$ を表す。この X_n という記法はかなり柔軟なものだが、集合 X_n は有限であり[1] $\varnothing$（何も提供せず、費用負担も0であることを表す「空」の要素）を含むことを条件とする。

それぞれの売り手 n には、財やサービスの供給にともなう費用が生じる。ここでは、売り手はその費用を知っているが、ほかの人はそれを知らない可能性があると仮定する。それぞれの売り手 n についての不確実性をモデル化するために確率変数 θ_n を導入する。θ_n は、ある集合 Θ_n 内の値を取り、売り手の費用関数をパラメーター化する。この確率変数 θ_n は売り手の「タイプ」と呼ばれ、オークションのほかの参加者は n のタイプについての信念をそれぞれ持っており、それはある確率分布によって特徴づけられる。したがって、任意の売り手 n の費用は、パラメーター化された関数 $C : X_n \times \Theta_n \to \mathbb{R}_+$ で記述される。すべての θ_n について $C(\varnothing, \theta_n) = 0$ となるように C を標準化する。売り手がこのメカニズムに参加し、財 x_n を提供することで得られる利得 π_n は、その売り手が受け取る総価格 p_n と総費用の差、つまり $\pi_n = p_n - C(x_n, \theta_n)$ である。

次に買い手について検討しよう。買い手が購入可能であるものの実現可能な組み合わせの集合は $X_0 = X_1 \times \cdots \times X_N$ であり、典型的な組み合わせを $x_0 \overset{\text{def}}{=} (x_1, \ldots, x_N)$ と表す。それぞれの組み合

わせに買い手がつける価値は$v:X_0 \to \mathbb{R}$と記述され、買い手がx_0を買う場合の利得は、購入したものの価値と支払わなければならない金額の差、つまり$\pi_0 = v(x_0) - \sum_{n=1}^{N} p_n$である。

それぞれのx_0について、総余剰$TS(x_0, \theta) = v(x_0) - \sum_{n=1}^{N} C(x_n, \theta_n)$は、買い手も含めた当事者すべてによって享受される。この式では支払額が打ち消されることに気をつけよう。支払額p_nは入札者nの利得を増加させるが、買い手の利得を同じ量だけ減少させるからだ。ここで$TS^*(\theta) = \max_{x_0 \in X_0} TS(x_0, \theta)$とおく。

ヴィックリー価格の公式では、ある参加者mを除外した場合に、ほかの参加者の最大総利得は$TS^*_{-m}(\theta_{-m}) \stackrel{\text{def}}{=} \max_{x_0 \in X_0, x_m = \varnothing} (v(x_0) - \sum_{n \neq m} C(x_n, \theta_n))$となることに注目しよう。したがってヴィックリー・メカニズムで、ほかの参加者が得る総利得を$TS^*_{-m}(\theta_{-m})$とするには、mの報告に関係なく、mの利得が$TS^*(\theta) - TS^*_{-m}(\theta_{-m})$でなければならないので、その支払額はその利得と費用の和になる。

定義

ヴィックリー・メカニズムは、以下のような直接メカニズムである。

1. それぞれの入札者nは競売人に情報θ_nを報告する。

2. 競売人は報告された情報を使って、結果$x_0^* \in \max_{x_0 \in X_0} v(x_0) - \sum_{n=1}^{N} C(x_n, \theta_n)$を選択する。

3. 競売人は入札者mに以下の金額を支払う。

$$p_m^*(\theta) \stackrel{\text{def}}{=} TS^*(\theta) - TS^*_{-m}(\theta_{-m}) + C(x_m^*(\theta), \theta_m) \tag{8}$$

mが正直に報告しなければ、それが原因となって総余剰が減少するように決定が変わる可能性がある。ほかの人が得る額には影

響しないので、それで害を被るのはmだけだ。結果として、売り手全員が正直に報告するインセンティブを持つことになる。

命題3.1

　ヴィックリー・オークションは耐戦略的である。つまり、すべてのθとすべてのmについて、$\theta_m \in argmax_{\hat{\theta}_m} \, p_m^*(\hat{\theta}_m, \theta_{-m}) - C(x_m^*(\hat{\theta}_m, \theta_{-m}), \theta_m)$である。

命題3.1の証明

　任意の$\hat{\theta}_m$について、正直な報告θ_mの代わりに$\hat{\theta}_m$を報告することで生じる、mの利得の変化を計算しよう。

$$
\begin{aligned}
&(p_m^*(\hat{\theta}_m, \theta_{-m}) - C(x_m^*(\hat{\theta}_m, \theta_{-m}), \theta_m)) - (p_m^*(\theta_m, \theta_{-m}) - C(x_m^*(\theta_m, \theta_{-m}), \theta_m)) \\
&= \left(v(x_0^*(\hat{\theta}_m, \theta_{-m})) - \sum_{n=1}^N C(x_n^*(\hat{\theta}_m, \theta_{-m}), \theta_n) - \pi_{-m}(\theta_{-m})\right) - \left(v(x_0^*(\theta)) \right.\\
&\quad \left. - \sum_{n=1}^N C(x_n^*(\theta), \theta_n) - \pi_{-m}(\theta_{-m})\right) \leq 0
\end{aligned}
$$

最初のステップでは、ヴィックリー価格の公式を最初の行に代入して、項を整理し直す。次に、定義により$x_0^*(\theta) \in argmax_{x_0 \in X_0}$ $v(x_0) - \sum_{n=1}^N C(x_n, \theta_n)$なので、不等式が導かれる。そのため、プレイヤー$m$は虚偽申告すると$p_m^*(\hat{\theta}_m, \theta_{-m}) - C(x_m^*(\hat{\theta}_m, \theta_{-m}), \theta_m) \leq p_m^*(\theta_m, \theta_{-m}) - C(x_m^*(\theta_m, \theta_{-m}), \theta_m)$となり、必ず損をする。■

3.2 耐戦略的メカニズムの支払いルールの一意性

　ここでヴィックリー・オークションのうまくできた支払いルールを重視するのはなぜだろうか。Green and Laffont（1977）が発表し、Holmström（1979）により一般化された有名な研究成果に

よって、あるクラスの環境においては、ヴィックリー価格が、耐戦略的なオークションによって価値を最大化する決定 $x_n^*(\theta)$ を遂行できる唯一の価格であることが証明されている。前の章では、貪欲しきい値オークションと縮約貪欲しきい値オークションが（そうした環境におけるすべてのしきい値オークションと同様に）耐戦略的であることを明らかにしたが、そうしたメカニズムが例外というわけではない。それらは一般的には価値を最大化する決定をともなわないからだ。

　このセクションでは、任意の配分ルール α について、直接メカニズム (α, p^α) が耐戦略的であるような支払いルール p^α はたかだか1つしか存在しないことを確かめる。この命題は、Green and Laffont および Holmström の結論を含意し、しきい値オークションの一意性についての主張を定式化する。さらに、ほかの環境についての耐戦略的メカニズムを構築する可能性にかんする指針を与える。

「オークション」だけを集中して考える前に、より広いクラスの耐戦略的直接メカニズムについての結果を議論しよう。

「直接メカニズム」は (α, p^α) の組として定式化される。この定式化は、各入札者 n が報告 $\hat{\theta}_n$ をする状況を記述するということであり、この $\hat{\theta}_n$ は、その入札者が自分のタイプを $\hat{\theta}_n$ と主張するという意味だと理解される。そうすると競売人は、報告された情報を使って結果 $\alpha(\hat{\theta}) \in X_0$ を選び、それぞれの入札者 n の支払額 $p_n^\alpha(\hat{\theta})$ を決定する。入札者 n が正直に報告しない場合は $\hat{\theta}_n \neq \theta_n$ を意味する。この後に出てくる定式化では、$argmax$ という表記は、指定された対象を最大化する引数の集合をさす。このメカニズムが耐戦略的なら、与えられた記述において $\theta_n \in argmax...$ のような項が出てくる。これは、正直に報告すればその入札者の利得が最大化するため、虚偽報告をおこなうメリットはないという意味

148

だ。

定義

1. 直接メカニズムは、関数の組 $(\alpha, p^\alpha): \Theta_1 \times ... \times \Theta_N \to X_0 \times \mathbb{R}^N$ である。

2. すべての n と $\theta \in \Theta_1 \times ... \times \Theta_N$ について

$$\theta_n \in argmax_{\hat{\theta}_n \in \Theta_n} p_n^\alpha(\hat{\theta}_n, \theta_{-n}) - C(\alpha(\hat{\theta}_n, \theta_{-n}), \theta_n)$$

が成り立つならば、直接メカニズム (α, p^α) は耐戦略的である。

このセクションでの分析は、私たちが考えるどんな応用例にも悪影響を与えないクラスの環境についての仮定に依存している。その仮定とは、C がそのパラメーター $\theta_n \in \Theta_n$ の連続微分可能な関数でなければならないこと、そして集合 Θ_n は弧状連結（path-connected）でなければならないことだ。この先も簡単に扱えるようにするため、注目する範囲をさらにかぎって、すべての n について $\Theta_n = [0, 1]$ であるケースだけにする。

命題3.2

$n = 1, ..., N$ について $\Theta_n = [0, 1]$ とおき、$C(x, \theta_n)$ はその2番目の引数について連続微分可能で、その偏導関数を $C_2(x, \theta_n) = \dfrac{\partial C}{\partial \theta_n}(x, \theta_n)$ と表す。(α, p^α) を耐戦略的な直接メカニズムとする。そうすると、すべての n と θ について

$$p_n^\alpha(\theta) = C(\alpha(\theta), \theta_n) + \int_0^{\theta_n} C_2(\alpha(s, \theta_{-n}), s) ds + \beta_n(\theta_{-n}) \tag{9}$$

となるような関数 $\beta_n : \Theta_{-n} \to \mathbb{R}$ が存在する。

命題3.2の証明

$V_n(\theta) \stackrel{\text{def}}{=} \max_{\hat{\theta}_n \in \Theta_n} p_n^\alpha(\hat{\theta}_n, \theta_{-n}) - C(\alpha(\hat{\theta}_n, \theta_{-n}), \theta_n)$ とする。このメカニズムは耐戦略的なので、$V_n(\theta) = p_0^\alpha(\theta) - C(\alpha(\theta), \theta_n)$ である。Milgrom and Segal（2002）の「積分形式」の包絡面定理にしたがうと、この値は $V_n(\theta) = V_n(0, \theta_{-n}) + \int_0^{\theta_n} C_2(\alpha(s, \theta_{-n}), s)ds$ という式で表せる。この2つの式を等式で表し、$\beta_n(\theta_{-n}) = V_n(0, \theta_{-n})$ とすると結果が証明される。■

オークションの応用例では、それぞれの入札者が参加を拒否でき、そうすることでゼロの利得を得る環境にのみ注目することが多い。私たちはそれをモデル化するために、報告すると売り手の利得がゼロになる（おそらくは受け取る支払額も被る費用もゼロであるため）タイプ、例えばタイプ0があるという条件を追加する。前述の証明を検討すると、これは $\beta(\theta_{-n}) = 0$ という制限を追加するのに等しいことがわかる。この場合、(α, p^α) が耐戦略的直接オークション・メカニズムであるような価格関数 p^α は、たかだか1つしか存在しない。

命題3.3

$n = 1, \ldots, N$ について $\Theta_n = [0, 1]$ とおき、$C(x, \theta_n)$ はその2番目の引数について連続微分可能であり、その偏導関数を $C_2(x, \theta_n) = \dfrac{\partial C}{\partial \theta_n}(x, \theta_n)$ と表す。(α, p^α) を耐戦略的な直接メカニズムとし、すべての n と θ_{-n} について、$p_n^\alpha(0, \theta_{-n}) - C(\alpha(0, \theta_{-n}), 0) = 0$ としよう。このとき、$p_n^\alpha(\theta) = C(\alpha(\theta), \theta_n) + \int_0^{\theta_n} C_2(\alpha(s, \theta_{-n}), s)ds$ が成立する[2]。

　私たちは上の2つの命題を、タイプ空間 $\Theta_n = [0, 1]$ のみについて述べ、証明したが、これらの命題は、弧状連結空間 Θ_n の任意の部分空間における任意の1次元経路に沿って、同様の支払いについての制限があることを示しており、そこからこの結論は任意の弧状連結集合 Θ_n について有効であることがわかるだろう。

　特に命題3.3は、特定の勝者選択ルールを耐戦略的な方法で遂行できるような支払いは唯一である、つまり $p_n^{\alpha}(\theta)$ しかないことを証明している。つまりヴィックリー価格は、オークション環境についての仮定の下では、効率的な結果を耐戦略的な方法で遂行する唯一の価格なのである。

3.3 競争基準としてのコア

　分権化された複雑な配分問題では、私たちは何を「良い」結果の基準とするべきだろうか。一方では、効率性は重要だ。私たちは、可能であれば最大価値を、そうでなければ最大価値に近いものを達成するような優れた配分を実現したい。他方では、価値をどのように共有すべきかという問題がある。既に見てきたように、適切な方法で価値を共有することは、価値を生み出すような投資を促す。そしてそれを実現するための方法として経済学者が真っ先に思いつくのが競争的価格決定だ。

　このセクションでは、提携ゲーム理論（訳注：協力ゲームともいう）の標準的な概念である「コア」が、オークション問題に登場する競争的利得を適切に表す概念であることを議論する。それは、結果が効率的であることだけでなく、参加者間の競争によって、各参加者の他者に対する要求の規模が制限されることを主張する概念である。

直観的にいえば、コア結果を特徴づけるのは、売られている品物に価値を生み出すスキルや資源を持つ、数人の参加者のサービスをめぐる競争だといえる。オークションの売り手や買い手を、競争市場の外部関係者の集合が（あるいはお互いが）雇えるなら、需給均衡競争価格（当事者が、参加者を雇う費用のほかに提示しなければならない一定の支払額）は、提携ゲームのコアにおける利得ベクトルそのものである。これを定式化するためには、より詳細に状況を規定する必要がある。

　オークションの参加者、つまり1人の買い手（プレイヤー0）と複数の売り手を雇おうとしている別の新たなプレイヤーの集合を導入し、これを「アウトサイダー」と呼ぶことにしよう。買い手と、売り手の系$S \subseteq \mathcal{N} \overset{\text{def}}{=} \{1, ..., N\}$を雇うことに成功した人はだれでも、その売り手たちに対して、生産的アクション$x_S = (x_n)_{n \in S}$を選択するように求めることができる。ただしその場合、それが売り手による個別の費用$C(x_n, \theta_n)$を補うことを前提としている。ここでvの定義を拡張して、どのようなx_Sでも引数として受け入れ、$v(x_S) \overset{\text{def}}{=} v(x_S, \varnothing_{-S})$である、つまり入札者$i \notin S$は$\varnothing$を供給する（何も供給しない）ものとして扱うとする。

　買い手と、一部の売り手Sを獲得することによってアウトサイダーが生み出せる最大価値は、次の「提携値関数」によって表現される[3]。

$$c(S) = \max_{x_S} v(x_S) - \sum_{n \in S} C(x_n, \theta_n) \tag{10}$$

アウトサイダーは価格受容者として振る舞い、またそれぞれの売り手nは費用ゼロで$x_n = \varnothing$を生み出す（何も生み出さない）ことができるので、最大の合計価値は売り手の全体集合によって達成される。

$$c(\mathcal{N}) = \max_{x_\mathcal{N}} v(x_\mathcal{N}) - \sum_{n \in \mathcal{N}} C(x_n, \theta_n) = \max_{S \subseteq \mathcal{N}} c(S)$$

この種の均衡市場で市場均衡を実現するには、オークションの買い手と売り手の市場価格はどのようになっていなければならないだろうか。アウトサイダーが、雇った各参加者に対して（アウトサイダーの指示に従うことで参加者が被りうる、あらゆる費用に加えて）π_n を支払うことを約束するとしよう。競争によって、アウトサイダーの利潤はゼロになるはずなので、均衡状態では、買い手と任意の供給者の集合 S を雇うことで厳密に正の利潤が得られることはない。

$$c(S) - \pi_0 - \sum_{n \in S} \pi_n \leq 0$$

さらに、1人のアウトサイダーがあらゆる人を雇うのが効率的なので、均衡状態においてそうすると、利潤は厳密にゼロになるはずだ。

$$c(\mathcal{N}) - \pi_0 - \sum_{n \in \mathcal{N}} \pi_n = 0$$

定義により、プレイヤーの集合が $\mathcal{N} \cup \{0\}$ で、買い手のいない提携の価値がゼロ、$c(S)$ が買い手と S 内の売り手のいる提携の価値である提携ゲームにおいて、コア $core(\mathcal{N} \cup \{0\}, c)$ とは、まさに前述の2つの条件を満たす利得集合である。

$$core(\mathcal{N} \cup \{0\}, c) \stackrel{\text{def}}{=} \{\pi \in \mathbb{R}_+^{N+1} \mid \pi_0 + \sum_{n \in \mathcal{N}} \pi_n = c(\mathcal{N}), \tag{11}$$
$$(\forall S \subseteq \mathcal{N}) \pi_0 + \sum_{n \in S} \pi_n \geq c(S)\}$$

これによって、コアが競争的利得の集合を表すという主張に、数式による根拠が与えられる。

　以降の分析では、任意の入札者の集合の総利得に対する上限値という形で表現される、同値の条件が役に立つことがある。コア

の定義の最初の部分にあたる等式を適用することで、上限値と下限値の制約条件の間を行き来することができる。

$$core(\mathcal{N} \cup \{0\}, c) = \{\pi \in \mathbb{R}_+^{N+1} \,|\, \pi_0 + \sum_{n \in \mathcal{N}} \pi_n$$
$$= c(\mathcal{N}), (\forall S \subseteq \mathcal{N}) \sum_{n \in S} \pi_n \le c(\mathcal{N}) - c(\mathcal{N} - S)\} \tag{12}$$

3.4 ヴィックリー利得がコアに含まれる場合

ヴィックリー・オークションの結果として得られる利得が、コアに含まれるとはかぎらない。

例

買い手は2個の品物を獲得する必要があり、必要なら、それに最大25を支払うつもりがある。買い手は品物1個だけには価値がないと考えている。

売り手は3人いて、それぞれが2個の品物を製造するために、10の費用をかけて機械を設置できる。しかし売り手1と売り手2は、それぞれが在庫として1個の品物を持っており、それがこの場面以外では価値がない場合、この2人の売り手にとって品物1個の供給費用はゼロであり、売り手3にとっては10である。

こうした費用を与えられると、ヴィックリー結果 x_0 では、売り手1と2がそれぞれ1個の品物を供給するために選ばれる。どちらも関連費用がゼロだからだ。しかし、それぞれに支払われるヴィックリー価格は10なので、買い手の総費用は20であり、買い手の利得は5だ。

ヴィックリー結果がやっかいなのは、買い手が1人の供給者だけから購入することを事前に決めていて、2個の品物に入札する場合、それぞれの売り手は費用が10と報告すると予想されるか

らだ。そうなると総価格は10になり、買い手の利得は15になる。2個の品物を対象とする競り下げ式オークションから得られる均衡でも同じ結果になり、そこでは現時点で負けている売り手は競争力を上げるため、だれもそれ以上下げようとしないところまで価格を下げる機会を得る。買い手のヴィックリー利得は低すぎて競争的でないように思える。一方で売り手の利得は高すぎるように思える。

コアの概念を使って、競争的な価格決定の問題を分析することもできる。買い手と売り手1と2は、効率的な配分に自ら到達できるので、（コンマを省略すると）$c(12) = c(123) = 25$となる。そうするとコアの定義により、$\pi_0 + \pi_1 + \pi_2 + \pi_3 = 25$となり、$\pi_0 + \pi_1 + \pi_2 \geq 25$であり、かつ$\pi_3 \geq 0$である。そのためこうした不等式はタイトであり、$\pi_3 = 0$となる。さらに、$\pi_0 + \pi_3 \geq c(3) = 15$であるので、$\pi_0 \geq 15$である。これを言葉で表すと、これはコアにおいて、買い手の利得は少なくとも15でなければならず、売り手が2個の品物にかける費用は10を超えてはならないということだ。

一般的には、ヴィックリー結果がコアに含まれない場合、その理由は競売人（この場合は買い手）の利得が低すぎることだ。次に示すこの結果の一般的な記述は、Ausubel and Milgrom（2002）によって報告されたものである。

命題3.4

それぞれの入札者のヴィックリー利得は、コアに含まれるすべての点の最高利得に等しい。つまり$n = 1,\ldots,N$について$\pi_n^* = \max_{\gamma \in Core(N \cup \{0\}, c)} \gamma_n$である。特に、任意の$\gamma \in core(N \cup \{0\}, c)$について$\pi_0^* \leq \gamma_0$である。

命題3.4の証明

c という記法が、入札者のヴィックリー利得 $\pi_n^* = c(N) - c(N-\{n\})$ を記述するのに便利な簡略表現であることに注目しよう。さらに単集合 $\{n\}$ に関する式（12）を使用すると、コアに含まれる任意の点 γ について、$\gamma_n \leq c(N) - c(N-\{n\}) = \pi_n^*$ である。さらに、$\gamma_n' = \pi_n^*$、$\gamma_0' = c(N) - \pi_n^*$ であり、それ以外では $\gamma_m' = 0$ である利得ベクトル γ' は、注意深くみるとコアに含まれる。■

3.5 ヴィックリー・オークションと投資インセンティブ

ヴィックリー・オークションの長所は、ほかの人が投資することを前提として、個別の入札者に優れた投資インセンティブを与えうることだ。しかし一般的には、ヴィックリー・オークションにはやはり、入札者の間の調整にかんする問題が非効率な投資につながる余地がある。

　個別のインセンティブについての良い結果として、入札者1が量 i_1 を投資することにより、自らのタイプを θ_1 から θ_1' へ変化させることができ、それによってヴィックリー決定が $x_0^*(\theta)$ から $x_0^*(\theta')$ へ変化すると考える。ただし $\theta' \overset{\text{def}}{=} (\theta_1', \theta_{-1})$ である。自らの利得を最大化するために、入札者1は $p_1^*(\theta) - C(x_1^*(\theta), \theta_1) < p_1^*(\theta') - C(x_1^*(\theta'), \theta_1') - i_1$ であれば、その投資をすることを選択する。ヴィックリー価格の式を代入して、簡略化のために代数を用いると、その条件を $v(x_0^*(\theta)) - \sum_{n \in N} C(x_n, \theta_n) < v(x_0^*(\theta')) - \sum_{n \in N} C(x_n, \theta_n') - i_1$ と言い換えられる。しかしそれは、投資によって全参加者と競売人の総利得を増加するための条件にほかならない。いうまでもなく、任意の入札者 m についても同じことが当てはまる。そこから次の命題が証明される。

命題3.5

ヴィックリー・オークションにおいて、投資が全参加者の総価値を増加させる場合にかぎり、ほかの入札者のタイプを考慮すれば、投資によって得ができる。定式化すると次のようになる。

$$\left[p_m^*(\theta) - C(x_m^*(\theta), \theta_m) < p_m^*(\theta') - C(x_m^*(\theta'), \theta_m') - i_m \right]$$
$$\Leftrightarrow \left[v(x_0^*(\theta)) - \sum_{n \in N} C(x_n, \theta_n) < v(x_0^*(\theta')) - \sum_{n \in N} C(x_n, \theta_n') - i_m \right]$$

命題3.5を直観的に考えると、ここでもヴィックリー価格の本質が浮かび上がる。この式を計算すると、mが報告する自分のタイプをθ_mからθ_m'に変更した場合に、それがほかの参加者の総利得に与える効果はゼロである。結果として、1行目のmの利得の差は、2行目の総利得の差に等しくなる。

入札者の投資に話を絞るために、それぞれの入札者nが何らかの投資の選択肢を与えられて、それを実行するかどうかを決めるという単純化したゲームを定式化しよう。それぞれの入札者には、投資するか、投資しないかの2通りの選択肢がある。このモデルでは、ヴィックリー・オークションにおける入札者の報告の選択は省略されており、代わりに各プレイヤーが必ず、ヴィックリー・オークションにおける自らの支配戦略をプレイするものとして、利得を計算する。このゲームの戦略プロファイルは、集合の要素$\sigma \in \{$投資する、投資しない$\}^N$である。総利得を最大化する投資決定プロファイルをσ^*で表す。そうすると、命題3.5はただちに次を導く。

命題3.6

効率的な投資プロファイルσ^*は、その投資ゲームの純粋ナッシュ均衡である。

こうした良い結果にもかかわらず、問題が1つある。投資ゲームには効率的でないナッシュ均衡が存在する可能性もあることだ。

例1

買い手がある品物を2ユニット購入したいと考えていて、その2ユニットには10の価値をつけるが、2ユニット未満の品物には0の価値をつけるとする。売り手1と売り手2は個別では何も作ることができない。しかしそれぞれが1の投資をすれば、2の費用で1ユニット作る能力を獲得できる。その場合、両方の売り手が投資をおこない、正直に入札すれば、総価値は4になる。その場合、ヴィックリー価格は8と8である。しかしどちらの売り手も、相手が同じように投資しないかぎり投資から利益を得られない。

標準形で表すと、このゲームは下の表のようになる。横の行は売り手1の決定、縦の列は売り手2の決定に対応する。各マスの最初の数字は売り手1の利得、2番目の数字は売り手2の利得、3番目の数字は買い手の利得である。

	投資する	投資しない
投資する	5, 5, −6	−1, 0, 0
投資しない	0, −1, 0	0, 0, 0

この利得表では、主対角線に沿って、［投資する、投資する］と［投資しない、投資しない］という2つの純粋ナッシュ均衡が存在する。このパターンは典型的な「協調の失敗」であり、この例ではそれが過少投資という結果になる。［投資する、投資する］に従うヴィックリー価格はとても高いので（それぞれの売り手について8）、買い手はこの取引で6を失うことに注意しよう。買い

手は合計で16を支払い、10の価値しかないと考えている品物を入手するからだ。これは利得ベクトルがコアに含まれない例である。

このゲームには、この2つの純粋ナッシュ均衡以外に、それぞれの売り手が1/6の確率で投資し、期待利得がゼロとなる混合均衡（訳注：正式には混合戦略均衡と呼ぶ）もある。

例1では2人の売り手が、一緒に使われた場合にのみ価値がある、2つの補完的な投入量を提供しており、均衡においてほとんど投資がおこなわれない可能性がある。ほかの種類の非効率性が存在する可能性もあり、それは財が代替財である場合に生じうる。次にそうした例を説明する。

例2

買い手が、ある品物を1ユニット購入したいと考えていて、それに10の価値をつけるとする。売り手1と売り手2は個別では、投資をおこなわなければ何も作ることができないが、どちらか片方の売り手は投資をおこなって、2の費用で1ユニット作る能力を獲得できる。投資の費用は、売り手1では1、売り手2では2であるので、効率的な結果では売り手1は投資し、売り手2は投資しない。これを例1と同じように表で表す。横の行は売り手1の決定、縦の列は売り手2の決定、3番目の数字は買い手の利得である。

	投資する	投資しない
投資する	−1，−2，8	7，0，0
投資しない	0，6，0	0，0，0

この場合にも2つの純粋ナッシュ均衡があるが、今回は反対の

対角線上に位置している。したがってどちらの均衡でも、一方は投資するがもう一方は投資しない。売り手2（投資コストが高い）が投資をおこなう均衡は無駄が多い。総利得を最大化できないためだ。2つの純粋ナッシュ均衡のほかに、売り手1が確率3/4で投資し、売り手2が確率7/8で投資する混合均衡もある。この均衡では両方の売り手の期待利得がゼロである。

したがって、投資インセンティブについてここで得られた結果には、プラスの面とマイナスの面がある。それぞれの売り手がほかの人の投資について考慮して、総利得を最大化させることと矛盾しないように自らの投資を判断するという限られた意味においては、個別のインセンティブは正しい方向を指し示している。しかしここであげた例では、どうしても非効率になりかねない2つのケースが示されている。最初のケースでは、投資は補完的であり、それぞれの投資者はほかの人の投資についてはっきりしたことを知らない。一方のプレイヤーが、相手は投資をしないと予想するならば、そのプレイヤーも投資をしないので、非効率な結果につながる。2つめのケースでは、投資をおこなえるのが1人にかぎられている。そしてどちらかが投資をすれば、もう1人の売り手が同様に投資をおこなうと、競争によってその投資が無駄になる。2つめのケースでは、適切ではない当事者が投資をおこなう可能性があるうえ、そうした非効率な状況を防いだり、正したりする力が作用しない。

3.6 財が代替財の場合のヴィックリー利得

ここで取り上げた、利得がコアに含まれない例では、売り手1の在庫は、売り手2にも在庫が存在しないかぎりシステムにとっ

ては価値がない。売り手1と2の財は補完財なのである。これは
偶然ではない。代替財というのは、ヴィックリー利得がコアにあ
ることが「保証され」うる場合を特徴づけるのにまさに適切な条
件なのである。このことを厳密に説明するのは難しく、慎重な数
量化がからんでくるので、知識がある読者は、後で述べる命題で
詳しい点を確認してほしい。

　数式を用いて説明する以下の結果では、売り手が別の財または
同一の財を提示する可能性があり、買い手は財の集まりを購入し
たいと考えている。L種類の財があるので、その系はベクトル
$\bar{x} \in \mathbb{R}_+^L$で表され、売り手$n$はベクトル$x_n \in \mathbb{R}_+^L$を供給する。買い
手は、$P \in \mathbb{R}_+^L$で表される財についての価値ベクトルを持つ。こ
れが表すのは、買い手自身がそれぞれの財を製造したり、その財
をオークション以外で入手したりする費用や、ほかの財で代替す
る場合の機会費用、あるいはその財を購入できない場合に事業を
縮小することによる損失である。

　これまでに定式化したモデルとは対照的に、このモデルでは、
売り手は複数種の財を提供し、さらのそのうちの何種類かは1人
以上の売り手によって提供される可能性がある。

3.6.1 財を含めたヴィックリー・オークションの定式化

　買い手が売り手$n = 1, ..., N$から財$\sum_{n=1}^{N} x_n \leq \bar{x} \in \mathbb{R}_+^L$を購入する
場合に、その価値が$v(x) = P \cdot \sum_{n=1}^{N} x_n$である環境を検討する。財
には、$\bar{x}$を上回る追加価値はない。ヴィックリー配分はこのよう
になる。

$$x_0^*(\theta) \in argmax_{x \in \mathbb{R}_+^{NL}} \sum_{i=1}^{L} P_i \min \left(\bar{x}_i, \sum_{n=1}^{N} x_{ni} \right) - \sum_{n=1}^{N} C(x_n, \theta_n)$$

ここでわかるのは、入札者にとって財が代替財である場合、ヴィ

ックリー結果はコアに含まれるので、売り手の収入はそうしたケースとしては、低くて競争的でないわけではないことだ。この結果を定式化して、代替財のような条件がどこまで必要かを確かめるには、さらに2つの定義が必要である。1つめの定義の動機になっているのは、実際にどの入札者がオークションに参加するのかによってヴィックリー利得が決まるという考えだ。これまでに見てきたとおり、ヴィックリー価格を利得の式に代入するだけで、入札者nのヴィックリー利得を$\pi_n^* = c(\mathcal{N}) - c(\mathcal{N} - \{n\})$と書くことができる。ほかの入札者集合についても同じ式を書く。さらに、入札者の集合を拡張した場合にこの差が減少することを示すような条件を定義したい。

定義

1. オークションに参加する入札者の集合をSで表すならば、入札者$n \in S$のヴィックリー利得は$\pi_n^*(S) \overset{\mathrm{def}}{=} c(S) - c(S - \{n\})$である。

2. 任意の入札者集合Sと、入札者の任意の組$n, n' \in S$について、$c(S) - c(S - \{n\}) \leq c(S - \{n'\}) - c(S - \{n, n'\})$であるならば（すなわち$n \in S \subset T$について$\pi_n^*(T) \leq \pi_n^*(S)$であるならば）、提携値は「入札者劣モジュラー」であるという。

こうした定義に関連する主な結果は2つある。どちらもAusubel and Milgrom（2002）によるものである。

命題3.7

財を含めたヴィックリー・オークションの定式化において、提携値が入札者劣モジュラーであるとき、かつそのときにかぎり、あらゆる$S \subseteq \mathcal{N}$について$\pi^*(S) \in core(S \cup \{0\}, c)$である。

したがって、入札者劣モジュラーの条件は十分条件であり、特定の意味においては必要条件でもある。ある入札者集合が与えられた場合、どの入札者がオークションに参加するかが確実にわかっていなければ、ヴィックリー結果がコアに含まれることが確実にわかるのは、提携値が入札者劣モジュラーである場合だけである。

命題3.8

財を含めたヴィックリー・オークションの定式化において、それぞれの売り手の費用関数において財が代替財であれば、提携値は入札者劣モジュラーである。

命題3.8には、Milgrom（2004）で説明された逆命題もあるが、この議論では省略する。

次に命題3.7を初歩的な手法で証明する。その次の命題3.8では最もシンプルな証明に双対定理を用いており、こちらは初歩的な議論では読み飛ばしてもかまわない。

命題3.7の証明

提携値が入札者劣モジュラーであると考え、Sを固定する。ここで任意の$S' \subseteq S$が式（12）の2つめの条件を満たすことを証明する必要がある。$|S'| = 1$、つまり$S' = \{m'\}$ならば、定義1により$\pi^*_{m'}(S) \leq c(S) - c(S - \{m'\})$である。任意の$|S'| = n \geq 1$について、$\sum_{m' \in S'} \pi^*_{m'} \leq c(S) - c(S - S')$が成り立つとする。そうすると、$|S'| = n + 1$であるような任意の$S'$について次のようになる。

$$\sum_{m' \in S'} \pi_{m'}^*(S) = \pi_m^*(S) + \sum_{m' \in \{S' - \{m\}\}} \pi_{m'}^*(S)$$
$$\leq c(S) - c\big(S - (S' - \{m\})\big) + \pi_m^*(S)$$
$$\leq c(S) - c\big(S - (S' - \{m\})\big) + \pi_m^*\big(S - (S' - \{m\})\big)$$
$$= c(S) - c(S \backslash S')$$

この式の2番目の不等号は劣モジュラー性に由来する。これにより $\forall S' \subset S$ について $\sum_{m' \in S'} \pi_{m'}^*(S) \leq c(S) - c(S - S')$ であると結論できる。したがって、すべての $S \subseteq N$ について、$\pi^*(S) \in core(S \cup \{0\}, c)$ である。

反対に、提携値が入札者劣モジュラーではないと考える。そうすると、$c(S) - c(S - \{n\}) > c(S - \{n'\}) - c(S - \{n, n'\})$ であるような、提携 S と入札者 $n, n' \in S$ が存在する。しかしそうすると、

$$\pi_n^*(S) + \pi_{n'}^*(S) = c(S) - c(S - \{n\}) + c(S) - c(S - \{n'\})$$
$$> c(S) - c(S - \{n, n'\})$$

となり、式（12）から、$\pi^*(S) \notin core(S \cup \{0\}, c)$ と結論できる。∎

命題3.8を証明するには、価格ベクトル $p \in \mathbb{R}_+^L$ について $u_n(p) = \max_{x_n} p \cdot x_n - C(x_n, \theta_n)$ と定義される、各入札者の間接効用関数を用いる。次に、その証明の主要なステップに沿った3つの補題を説明する。これらの補題は後で証明する。

補題3.9

関数 $u_n(p)$ は非減少関数である。さらに売り手 n の費用関数において財が代替財であれば、u_n には「差分減少性」がある。つまり、すべての i と $p_{-i} \geq p'_{-i}$ について、$u_n(p_i, p_{-i}) - u_n(p_i, p'_{-i})$ は p_i について非増加である。

補題3.10

提携値関数は、$c(S) = \min_p u_S(p) - p \cdot \overline{x}$ を満たす。

補題3.11

提携 S の間接効用関数は $u_S(p) = \sum_{n \in S} u_n(p)$ を満たす。

命題3.8の証明

任意の価格の組 $p^1 = (p_1^1,..., p_L^1)$, $p^2 = (p_1^2,..., p_L^2) \in \mathbb{R}_+^L$ をとり、$p^U \overset{\text{def}}{=} (\max\{p_1^1, p_1^2\},..., \max\{p_L^1, p_L^2\})$ および $p^L \overset{\text{def}}{=} (\min\{p_1^1, p_1^2\},..., \min\{p_L^1, p_L^2\})$ と定義する。任意の2人の入札者 $n, n' \in S$ について、次のようになる。

$$
\begin{aligned}
c(S) + c(S - \{n, n'\}) &\le (u_s(p^L) - p^L \cdot \overline{x}) \\
&+ (u_{S-\{n,n'\}}(p^U) - p^U \cdot \overline{x}) \le \sum_{k \in S} u_k(p^L) \\
&+ \sum_{k \in S-\{n,n'\}} u_k(p^U) - (p^U + p^L) \cdot \overline{x} = u_n(p^L) + u_{n'}(p^L) \\
&+ \sum_{k \in S-\{n,n'\}} \left(u_k(p^U) + u_k(p^L)\right) - (p^U + p^L) \cdot \overline{x}
\end{aligned}
$$

最初の不等号は補題3.10に、2番目の不等号は補題3.11に由来する。次に補題3.9から、あらゆる k について u_k は非減少であり、差分減少性を持つことがわかる。つまり次のようになる。

$$
\begin{aligned}
c(S) + c(S - \{n, n'\}) &\le u_n(p^1) + u_{n'}(p^2) \\
&+ \sum_{k \in S-\{n,n'\}} \left(u_k(p^1) + u_k(p^2)\right) - (p^U + p^L)\overline{x} \\
&= \left(\sum_{k \in S-\{n'\}} u_k(p^1) - p^1 \cdot \overline{x}\right) + \left(\sum_{k \in S-\{n\}} u_k(p^2) - p^2 \cdot \overline{x}\right)
\end{aligned}
$$

最後の行は、$p^L + p^U = p^1 + p^2$ であることを利用している。最後の式を (p^1, p^2) にわたって最小化すると、$c(S) + c(S - \{n, n'\}) \le c(S - \{n\}) + c(S - \{n'\})$ となる。したがって提携値は入札者劣モ

ジュラーである。■

補題3.9の証明

　包絡面定理（Milgrom and Segal（2002））により、u_nはあらゆるところで連続であり、単一解を持つようなすべての価格において微分可能であることがわかっている。さらに$x_{ni}(p)$を価格pで供給される財iの量とすると、$\dfrac{\partial u_n(p)}{\partial p_i} = x_{ni}(p)$が成り立つ。そうすると$u_n$は非減少である。$j \neq i$ であるp_jのそれぞれにおいて、$x_{ni}(p)$が非増加であるとき、かつそのときにかぎり、費用関数において代替財条件が満たされる。したがって代替財という性質は、$j \neq i$ であるp_jのそれぞれにおいて$\dfrac{\partial u_n(p)}{\partial p_i}$が非減少である、つまり$u_n$が差分減少性を持つことを意味する。■

補題3.10の証明

　前に定義したとおり、需要ベクトルzを持つ売り手を含む提携Sの提携値関数は、$c(S,z) = \max_{\{x_1,\ldots,x_s\}, \Sigma x_n \leq z} P \cdot \left(\sum_{n \in S} x_n - z \right) - \sum_{n \in S} C(x_n, \theta_n)$ によって与えられ、間接効用関数は$u_s(p) = \max_z p \cdot z + c(S,z)$で与えられる。これは、すべての$p \in \mathbb{R}^L_+$について$c(S, \bar{x}) \leq u_s(p) - p \cdot \bar{x}$であることを意味する。$B$を、任意の提携に対して任意の財を加えたときの提携値の増分を超える大きな数とする。さらに、$p_i^* = 0$としてp^*を選ぶことで、$\bar{x}_i = 1$であり、ほかの場合には$p_i^* = B$であれば、$u_s(p^*) = p^* \cdot \bar{x} + c(S, \bar{x})$に到達できる。そうすると$c(S, \bar{x}) = \min_p u_s(p) - p \cdot \bar{x}$である。■

補題3.11の証明

次を展開するだけでよい。

$$u_S(p) = \max_z \{p \cdot z + c(S, z)\} = \max_z \{p \cdot z + \max_{\{x_1, \ldots, x_s\}, \Sigma x_n \le z}$$
$$\times \{P \cdot (\sum_{n \in S} x_n - z) - \sum_{n \in S} C(x_n, \theta_n)\}\} = \max_{\{x_1, \ldots, x_s\}}$$
$$\times \{P \cdot (\sum_{n \in S} x_n - z) + p \cdot \sum_{n \in S} x_n - \sum_{n \in S} C(x_n, \theta_n)\}$$
$$= \sum_{n \in S} u_n(p) \quad \blacksquare$$

3.7 ヴィックリー・オークションのほかの欠点

ヴィックリー・オークションの欠点の1つとして、一部の例では競売人の利得が低くなることを既に述べた。これは、競売人が買い手なら高い費用を負担しなければならないこと、そして売り手なら収入が低くなることを意味する。ほかにもヴィックリー・オークションに関連する欠点がAusubel and Milgrom（2006）で報告されている。ここでは、これまで比較的注目されていない欠点をいくつか検討する。

3.7.1 報告の複雑さ

ヴィックリー・オークションでは、それぞれの入札者は、割り当てられる可能性のある品物の組み合わせのそれぞれについて入札額を報告するよう求められる。N個の品物があるオークションでは2^N通りの組み合わせがありうる。この数は、Nが増加するにつれて、すぐに手に負えないほど大きくなってしまう。

それでも、簡潔な言語（訳注：ここでいう言語は選好情報を入力する方法や手段を意味する）を使って選好を表せば、現実的な封印入札を実施することが可能なこともある。ここでは入札言語の理

論については検討しない。興味のある読者は、代替財の選好を表す入札言語については Hatfield and Milgrom（2005）や Milgrom（2009）を、限定的な補完性を含む選好を表す簡潔な言語については Eilat and Milgrom（2011）を読んでほしい。

3.7.2 計算の複雑さ

　ヴィックリー・オークションの2つめの欠点は、それが求める計算が一部の応用例については不可能だということだ。そもそも、ヴィックリー結果 $x_0^*(\theta)$ を比較するだけでも、最適化問題を解く必要がある。選択肢が離散的で、財が代替財ではない場合、最適化は非常に難しくなりかねない。そうしたケースにおいて、式（8）に従ってそれぞれの落札者 m のヴィックリー価格を計算するには、$\pi_{-m}(\theta_{-m})$ を決定するためにさらに最適化問題を解くことが必要になる。

　厳密な計算が不可能な場合に、近似最適値をヴィックリーの式に代入することで割り当てと価格を決定するオークションは、ヴィックリー・オークションと同じようにうまく機能するだろうか。最適化ができないような巨大な問題では、この質問への答えが「いいえ」になることが多い。例えば、N 人という多数の入札者がいて、落札者の比率がほぼ一定のオークションを考える。最適値は N に比例して増加するが、それぞれの落札者に支払うべき価格はほぼ一定のままである。そのため、入札者1人を除外することで、最適値の推定に1パーセントの誤差が生じる場合、価格決定の誤差は N パーセントになる。同じ考え方は、大きさが固定されたあらゆる誤差に当てはまる。かなり良い近似最適値を使っても、問題が大きくなるにつれて、ヴィックリー価格の推定で生じる誤差は容認しがたいほど大きくなる。

これもまた、代替財条件が役に立ちうるケースである。なぜなら、2章のケルソ゠クロフォードモデルを模倣するアルゴリズムは、財が代替財である場合に、安定な（したがって効率的な）配分を素早く計算できるからだ。

3.7.3 財務的制約のある入札者

私たちのヴィックリー・オークションのモデルでは、入札者が売り手であること、そして買い手のケースが対称的であることを前提としていた。これは、最もシンプルなモデルには当てはまるが、財務的制約が買い手と売り手に対して異なる作用をおよぼす可能性があり、耐戦略性についての結論を狂わせかねない。そのため、この3.7.3項にかぎって、入札者が買い手であると仮定し、財を1ユニットか2ユニット購入できる入札者の問題を検討しよう。入札者は、1ユニットを稼働させることで10の利潤を稼ぐことができる。2ユニットを動かせば利潤は20になる。しかし、貸し手（訳注：財務的制約のある入札者（買い手）に資金を提供する人のこと）はオークションに参加するための資金を、10ユニット分しか貸すつもりがない。入札者は、どの品物のパッケージについても10ユニットを上回る入札ができないとしたら、どのように入札すべきだろうか。2個の品物のパッケージに10を入札するのがつねに最善だが、品物が1個だけならどのくらいの額を入札すべきだろうか。重要な結論は、その答えがほかの人の入札額に依存するということだ。この入札者には支配戦略がないのである。

それを確かめるため、競合する入札者が1人だけいるとしよう。ここでは2つのケースを検討する。1つめは、競合相手が1ユニットに5を入札し、2ユニットには入札しないケースだ。そのケースでは、最初の入札者にとって最善の結果は、5の価格で2ユ

ニットを得ることだ。これは、1ユニットに対して5未満の価格を入札することによってのみ達成可能である。しかし2つめのケースでは、競合相手は1ユニットに対して12を入札し、2ユニットに対して18を入札する。そうすると、最初の入札者にとって最善の結果は、6の価格で1ユニットを得ることで、これは1ユニットに6を上回る価格を入札することでのみ可能である。これら2つの最善の対応についての条件が両立しないので、入札者には支配戦略がない。

　財務的制約は売り手にも影響することがある。それは、売り手が十分に高い価格を受け取らないかぎり、利益を生むプロジェクトの資金調達ができない場合だ。このような場合には、入札者が買い手である前述の例と同じような状況が生じうる。

3.7.4 ルールの理解

　実際のオークション設計で重要になる問題は、入札者が理解できて、その参加を後押しするようなルールを定めることだ。その観点からいえば、ヴィックリー・オークションの大きな欠点は、ヴィックリー価格を説明するだけでなく、前述のとおり、その計算や立証さえ難しくなりかねないことだ。しかしこれは計算が複雑なオークションだけの問題ではない。1種類の品物を対象とするセカンドプライス・オークションでも、実験室実験をおこなってみると、入札者役の被験者たちは自らの支配戦略に従って入札できないことが多い（Kagel et al., 1987; Kagel and Levin, 1993; Li, 2015）。ルールを入札者に説明するのが難しいことがあり、実験では、入札者はセカンドプライス・オークションの戦略の支配性についての説明を受けた後でさえ、被支配戦略をプレイし続ける。ヴィックリー・オークションにおける最適入札の論理は理解が難

しく、より一般的な状況ではさらにその理解が難しくなる。

3.7.5 入札者の談合

　ヴィックリー・オークションは利益めあての談合の対象になり
やすく、負けている入札者が談合するケースもある。例えば、買
い手が売り手1から購入することも、売り手2と3から購入する
こともできて、買い手が必要なものを取得することによって得る
価値は、どちらの場合でも100であるとしよう。売り手1は品物
を供給するのに15の費用をかけ、売り手2と3は、それぞれ10の
費用をかけるとする。ヴィックリー結果では、売り手1が落札者
となり、20の代金を受け取る。

　この状況で、この負けている売り手2と3が談合して、それぞ
れ X と Y という価格で入札するように契約を結ぶとしたら、ど
うなるだろうか。$X + Y < 15$ ならば、（売り手1から購入するよ
りも費用が安くなる、つまり効率的な結果となるため）この談合
した2人の売り手はヴィックリー・オークションの落札者となり、
それぞれ $15 - Y$ と $15 - X$ の価格を得る。例えば、$X = Y = 1$ な
らば、談合している2人が落札者となり、それぞれ14の価格を得
る。彼らにとってはきわめて良い取引だが、買い手にとってはそ
うではない。注目すべきは、談合している入札者のどちらか一方
が他方に支払いする必要なしに、この取引によって彼らの利得が
厳密に増加することだ。利益めあての談合で送金が必要になるケ
ースでは、後から発見できるような金の流れが残ることがあり、
それがそうした取引を抑止している。しかし、送金なしでうまく
いく談合は、その検出や立証がずっと難しい。この手の談合の可
能性があることは、ヴィックリー・メカニズムの潜在的な弱点で
あり、実際の応用例では必ずその重大性を評価する必要がある。

3.7.6 価値の秘匿性

　最後の問題は、ヴィックリー・オークションが入札者に求める機密情報がきわめて多いことだ。入札者による価値評価は機密性が高いことが多いので、入札者はヴィックリー・オークションに抵抗を感じるかもしれない（Rothkopf et al., 1990）。その理由は、入札者の報告が、落札価格以外のものにも影響を与える可能性があるからだ。その後におこなわれる交渉において、報告された情報を使って労働者や供給者、ビジネスパートナーが入札者からより良い条件を引き出そうとするかもしれない。

3.8 まとめ

　ヴィックリー・オークションは次のような注目すべき性質を持つことから、長年にわたって経済学の研究対象になってきた。

- ヴィックリー・オークションでは、正直な報告をすることが入札者にとって最適であるとともに、価値を最大化する配分が選ばれる。
- ヴィックリー・オークションは、そうした2つの特性を持つ唯一のオークション・メカニズムである。
- 財が代替財である場合、ヴィックリー価格は、コアに含まれる結果を導く。これは、私たちが示したように、この結果が競争的であることを意味する。
- しかしヴィックリー価格によってコアに含まれない結果が導かれる例も存在する。そうした結果ではつねに、競売人の利得がコア配分よりも厳密に低く、あらゆる入札者の利得はコア配分と同じかそれより高くなる。

- 売り手である個々の入札者が1人で投資をする場合、全参加者への総利得を最大化するような選択は、同時にその1人の入札者の利得も最大化する。

- 売り手である入札者が複数で、費用を下げるための投資をおこなえる場合、この投資ゲームには、あらゆる売り手が効率的に投資するナッシュ均衡が存在する。

- しかしそれ以外に、非効率な投資に陥る純粋ナッシュ均衡も存在しうる。その理由は、投資のレベルが適切でないか（少なすぎる、または多すぎる）、適切でない入札者が投資をしているかのいずれかだ。

- さまざまな長所がある一方で、ヴィックリー・オークションには重大な影響をおよぼしかねない欠点もいくつかある。

  ○ 負けている入札者がもっと良い取引を提示するつもりがある場合でも、競売人のヴィックリー利得がかなり低くなることがある。

  ○ 封印入札メカニズムでは、入札者は多くの組み合わせについての価値を報告しなければならない可能性があり、これが非常に困難なケースがある。

  ○ ヴィックリー・オークションでは、入札者が、入札可能な額を制限する財務的制約（信用や予算の制約）を受ける状況において、支配戦略が存在しない。

  ○ ヴィックリー・オークションにおける配分を計算するには最適化問題を解く必要があり、一部の状況ではこれが難しい。落札者の価格を計算するには別の最適化問題を解く必要があるので、k人の落札者がいる場合、競売人は$k+1$の最適化問題を解かなければならない。現実的にはこうした計算のせいで、ヴィックリー・オークションは入札者にとって理解しにくくなっており、入札者

が被支配戦略をプレイしたり、そもそも入札をやめたりする潜在的な原因になっている。

○ヴィックリー・オークションでは、負けている入札者が利益めあての談合をして落札することがある。さらにそうした談合が、関与するすべての当事者にとって厳密な利益になり、検出されかねない談合者間の送金が不要なこともある。

○ヴィックリー・オークションは、入札者が正直に報告することを求めるが、そうした情報は将来の交渉に影響するおそれがあるため、入札者はそれを隠したいと考えるかもしれない。こうした思惑は、ヴィックリー・メカニズムにそなわる正直な報告という特性を損ないかねない。

4章
受入保留方式オークションと近代替財

　ヴィックリー・オークションは、効率的な配分を計算して選択する、唯一の耐戦略的直接メカニズムである。こうしたかなりの利点があるにもかかわらず、3章の最後にあげたようなヴィックリー・オークションの欠点の一部はきわめて深刻であり、そのせいで応用例によってはそうしたオークション設計が非現実的または受入不可能になっている。

　ヴィックリー・オークションに難しい問題を引き起こしうる複雑な制約はいくつもある。この章ではこの難題を、FCCによる放送用電波インセンティブ・オークションの文脈で説明していくが、それはこのオークションの規模や経済的影響が大きいからだ。この応用例では、2つのテレビ局による放送が容認できないレベルの干渉を互いに引き起こさないようにするための制約が非常に多かった。こういった2つのものの間に生じる制約は、輸送システムをはじめとする多くの応用例にもみられる。例えば航空管制では航空便のスケジュールを決める際に、2つの航空機が近づきすぎないようにする必要がある。同様の条件は鉄道輸送にも当てはまる。

　FCCの放送用電波インセンティブ・オークションでは、最適配分を計算する問題があまりに難しく手強かったため、ヴィックリー・オークションを使う案は却下された。この問題のシミュレーションでは、最も優れた商用アルゴリズム（Gurobiと C-

Plex）を問題の定式化に慎重に適用し、高速コンピューターで数週間かけて計算しても、最適値を見つけられないことが明らかになった。この問題の難しさを考えれば、その分析で最適値の少なくとも97パーセントを達成する解を見つけられたのは良い結果だといえるが、そのレベルでは、ヴィックリー価格のまずまずの近似値を計算するにもまったく足りない。

その理由を説明しよう。落札者である各テレビ局nについて、厳密なヴィックリー価格は$\hat{V}_n - \overline{V} + v_n$である。$\overline{V}$は$n$がオークションの勝者になることができる場合に、放送を継続するテレビ局の総価値の最大値、$\hat{V}_n$はテレビ局nが敗者にならざるをえない場合の総価値の最大値である。推定によってどれだけ大きな問題が起こるかを確かめるために、こうした計算の1つとして、例えば$\hat{V}_n$は厳密に計算できるが、もう一方の計算は実際の最適値の0.99倍になる、つまり$0.99\overline{V}$となるとしよう。そうすると、勝者に支払われるヴィックリー価格の推定値は、$0.01\overline{V}$高すぎることになる。米国には約2000のテレビ局があるので、テレビ局の価値の平均は$0.0005\overline{V}$になり、ヴィックリー価格の決定にともなう誤差が、テレビ局の価値の平均の約20倍になる。反対に推定値が実際より大きいという誤差がある場合には、誤差の規模が同じでも、ヴィックリー価格の推定値は一般的には負になり、ヴィックリー・オークションの論理が破綻してしまう。この分析からわかるのは、ヴィックリー価格の適切な推定値を得ようとするだけでも、最大化が完璧に限りなく近い必要があることだ。その点がこの応用例にとって問題であるのは、ヴィックリー価格の計算の正しさを検証する問題がNP完全問題だからである。このインセンティブ・オークションには数千個の選択変数と、270万件の制約があるため、あまりに大規模すぎて、この問題が要求する精度の計算を確実におこなえない。

それでは何ができるだろうか。この計算をめぐる問題は少なくとも、オークション設計では、実際の最適値を達成するという目標をあきらめる必要があることを示しているが、それでもやれることは残っている。まず、最適値を得られないせいで損失が多くなりすぎないように、どんなアルゴリズムを使うにしても、取りうる値の大部分を占める値を得るようにしたい。そして、最適値を達成するのをあきらめると、今度はそのオークションがヴィックリー・オークションには欠けている別の良い特徴を持てるようになるかもしれない。具体的には、より優れたインセンティブ特性（ある種のグループ耐戦略性など）や、簡素化（入札者にわかりやすい計算）、支払う意思のある金額の情報をめぐる落札者の秘匿性保護の向上などが期待できるだろう。この章で説明する理論に基づいた最終的なオークション設計は、こうした利点すべてをもたらす。

4.1　ヴィックリー・オークションに代わるもの

この章で説明する理論の大部分は、当初はFCCによる放送用電波の「インセンティブ・オークション」が抱える特殊な課題に対応するために作り出されたものだ。

4.1.1 インセンティブ・オークションプロジェクト

1章で説明したとおり、テレビ業界は20世紀半ば以降に数度の大変革を経験してきた。テレビ放送が始まった当初は、視聴者はみな電波による放送を2、4、7という3つのVHF（超短波）チャンネルのいずれかで見ていた。やがて利用できるチャンネルが

徐々に増えていき、UHF（極超短波）帯のチャンネルも登場した。UHFは初期のアナログテレビ信号としては質が低いとされた。次にケーブルテレビと衛星テレビが登場し、その後、アナログ放送からデジタル放送への移行がおこなわれ、それによって対象周波数の利用効率が大幅に改善され、高精細度テレビ放送が可能になった。

　2012年には、米国の家庭の約90パーセントが電波によるテレビ放送ではなく、ケーブルテレビか衛星テレビを受信するようになっていた。2007年（初代iPhoneが発売された年）から2012年までの5年間には、モバイルインターネットアクセス向けの周波数需要が爆発的に増加し、その増加傾向が続くと予想されていた。携帯電話会社などの事業者は、UHFテレビ放送に使われている周波数が4G携帯ブロードバンド技術に理想的であることに気づいており、政策立案者たちは携帯電話会社などがそうした周波数を購入する「スワップ（交換）」が可能なのではないかと考えた。インセンティブ・オークションは、そうしたスワップを実現すると同時に、米国財務省の収入を確保しようという試みである。

　このインセンティブ・オークションが歴史的に重要とされる理由はいくつかある。1つめは、取引金額がきわめて高く、数百億ドルにもなる可能性がある点だ。2つめは、それまでのオークションでそうしたスワップが実施されたことがなかった点である。初期の周波数オークションは、その時点で使用されていない周波数の使用権を売るものだったので、売り手への支払いに十分な金額を集められるかどうかを心配する必要はなかった。このオークション設計で最も革新的であり、最も難しかった部分は、一定数のチャンネルを空けて、ほかの用途に利用できるようにするのに十分な量のテレビ用周波数を、UHF放送事業者から買い上げることにかんする部分だった。

4.1.2 FCCの放送用電波インセンティブ・オークションにおける配分制約

　このオークションを定式化して記述するうえで最初の課題は、チャンネルへのテレビ局割り当てを記述する記法を決めることだ。これから定義する変数は論理変数である。つまり、割り当てについての記述ということだ。(X, c) と書く場合、これは「テレビ局 X は、チャンネル c で放送をするために割り当てられる」という意味になる。これは単なる記述なので、真と偽のどちらの可能性もある。テレビ局のチャンネルへの割り当ては、真である記述の集合、つまり対 $P \subseteq S \times C$ の集合である。ここで S はテレビ局の集合、C はチャンネルの集合である。

　一部の記述の組み合わせは、同時に真となることができない。その理由は、論理的制約か、提案されたテレビ局の割り当てが放送事業者間に受容できない干渉を生み出すためか、いずれかだ。例えば、近傍のタワーから放送している2つのテレビ局が同じチャンネルを使うことはできない。この問題についての制約はどれも、1つのテレビ局か、テレビ局の組に影響を与える。

　そうした論理的制約を記述するために、「論理否定」（NOT）を表す記号として ¬、「論理和」（OR）を表す記号として ∨、「論理積」（AND）を表す記号として ∧ を使用する。この制約は、集合 $(C_X, X \in S)$ と集合 $\hat{I}$ の系によって記述される。この場合、$C_X \subseteq C$ はテレビ局 X を割り当てられるチャンネルの部分集合であり、$\hat{I} \subseteq (X \times C)^2$ はテレビ局の組に対する整合性のない割り当てをすべてリストアップしたものだと解釈される。こうした解釈のもと、論理的制約を文章と数式の両方で述べると次のようになる。

　1. 「S に含まれるあらゆるテレビ局 X は、そのテレビ局にふ

さわしいチャンネルの（少なくとも）1つを割り当てられる」

$$\wedge_{X \in S} \vee_{c \in C_x} (X, c)$$

2.「S に含まれるテレビ局が、2つの異なるチャンネルに割り当てられることはない」

$$\wedge_{X \in S} \wedge_{c \neq c' \in C} \big(\neg (X, c) \vee \neg (X, c') \big)$$

3.「2つのテレビ局が、整合的でない方法でチャンネルに割り当てられることはない」

$$\wedge_{(X, c, X', c') \in \hat{I}} \big(\neg (X, c) \vee \neg (X', c') \big)$$

FCCの放送用電波インセンティブ・オークションでは、そうした制約が約270万件ある。一番わかりやすい言い方をするなら、最も近くに位置する2つのテレビ局には、同じチャンネルを割り当てることができないということになる。

　この問題を直観的に理解するために、次の2つの条件が満たされるような特別なケースに注目しよう。1つめの条件は、すべてのテレビ局は同じチャンネル C を使う資格があり、論理的制約において C_x を C で置き換えられることだ。2つめの条件は、問題を起こす干渉が、近傍にある2つのテレビ局の間だけに存在することだ。こうした条件が満たされるとき、グラフを使うと制約をもっと単純に書き表せる。それは次のような方法だ。

　$A \subseteq S \times S$ を、互いに近すぎて同じチャンネルに割り当てられないテレビ局の組の集合とする。私たちの仮定は、$\hat{I} = \{(X, c, X', c) \mid c \in C, (X, X') \in A\}$ ということを意味する。テレビ局 S をグラフのノードとして、A を対応するアークの集合とし

て扱う。2つのテレビ局$(X, X') \in A$は「隣接している」とされる。干渉が生じないようにテレビ局にチャンネルを割り当てることが実行可能かどうかを、$|C|$件のチャンネルだけを用いて確認することは、与えられたグラフ(S, A)について、隣接するノードが同じ色にならないように、$|C|$色を使ってノードを彩色可能かどうか判断する「グラフ彩色問題」と同じ論理構造を持っている。

このグラフ彩色問題はNP完全であることがわかっている（Karp, 1975）。NP完全クラスの問題に対する既知のすべてのアルゴリズムに、問題のサイズsに対して求解時間が指数関数的に増加するようなサイズを含むクラスの一連の問題が存在する。これは現実面では、あまりサイズの大きくない問題のなかにも、最速のコンピューターさえ解くのにとても長い時間がかかる問題があることを意味する。

自らの権利を売らないテレビ局を何らかのチャンネルに割り当てなければならない、インセンティブ・オークションのような応用例では、こうした計算複雑性は大きな意味を持つ。あるテレビ局による入札を承認し、別のテレビ局による入札を拒否することが可能かどうかを判断するには、FCCは、権利を売らないテレビ局にチャンネルを割り当てる実行可能な方法があるかどうか判断しなければならない。これまで見てきたとおり、これはグラフ彩色問題とまったく同様であり、解くのはとても難しい。

4.1.3　目的が1つだけの入札者

この章全体では、「目的が1つだけの売り手である入札者」、つまり売るテレビ局を1つだけ持っていて、売るか売らないかの決断だけをする入札者に焦点を絞る。実際のインセンティブ・オー

クションでは、テレビ局を複数所有している入札者もいるし、そうしたテレビ局について、売るか売らないか以外の選択肢がある入札者もいるので、ここで構築する理論は応用例に完璧に一致するものではない。大きなグループの一部であるテレビ局の価値が高くなる傾向があるにしても、オークションでの実際の売り手のほとんどは、目的が1つだけの入札者だろう。そうした小規模な入札者ではたいてい、売るか売らないかが主な選択肢であり、その場合に、入札者が直面する入札の問題を緩和することが、設計上の基本的な課題になってくる[1]。

　小規模な入札者に対して特に必要なのは、そうした入札者がオークションのルールや、そうしたルールから暗示されるインセンティブを理解できるようにすることだった。また計算を、ヴィックリー・オークションの計算よりもずっと単純にする必要があった。ヴィックリー・オークションの計算はとても難しくてわかりにくいので、専門家にはその計算方法を理解できても、入札者がその正しさを信じない可能性があった。入札者が疑念を抱けば、それは不参加につながり、オークションの成功をおびやかすおそれがあった。

4.1.4 「自明耐戦略的」メカニズム：非定式的議論

　耐戦略的メカニズムは、ほかの種類のメカニズムよりも大きな利点を持ちうる。入札が容易で、ある程度の費用節約ができるからだ。私たちの理論モデルでは、競合相手の入札の情報を知っている入札者が、その情報を使ってより賢く入札することはできない。単純で正直な入札がつねに最適だからだ。競合相手のタイプを知るために、相手を検討したり、スパイしたりする、あるいは自分のタイプを隠すために、自分の情報を暗号化するという手段

をとっても、勝機を増やすことはできない。入札者が品物を格安で落札して競合相手を驚かせることができるかもしれない標準的な封印入札とは対照的に、耐戦略的オークションにはそうした潜在的な利益は存在しない。

しかしそれでも、生身の人間である入札者にとって本当にわかりやすい入札にするには、耐戦略性だけでは不十分かもしれない。耐戦略性を有するヴィックリー・オークションには、重大な計算上の問題が生じる可能性があることを既にみてきたが、そうした問題が生じなくても、耐戦略的メカニズムの利点が十分に生かされないことがあり、それにはいくつかの理由がある。1つめとして、通常のセカンドプライス・オークションでは、そのメカニズムが耐戦略性を持っていても入札者が間違いを犯すことが多いことが、実験的証拠（Kagel and Levin, 1993）から示されている。2つめは、計算が難しい状況では、耐戦略性について入札者を納得させるのが往々にして困難であることだ。3つめとして、入札者は、計算を検証できなければ、競売人がそうした計算を正しくおこなえるのか疑う可能性がある。そして最後の理由は、入札状況を見た競売人が、落札できない額で追加入札して落札価格を操作するのではないかと、入札者が心配する可能性があることだ。

こうした問題をすべて解決するために、直接メカニズムを放棄して、代わりにより動的なオークション・メカニズムの採用を検討したい。そうすることで、たとえ入札者が結果関数を得るのに必要な計算を理解していなかったり、競売人の計算能力の正確さを信頼していなかったり、命題2.7の証明に沿って耐戦略性を推論できなかったり、売り手の入札を競売人が見ているのではと疑ったりしていても、信じることのできる耐戦略的メカニズムを作り出すのだ。そうしたメカニズムは、Shengwu Li（2015）の言葉を借りれば、「自明耐戦略的」（obviously strategy-proof）であ

る。これが可能であることを示す手がかりは、Kagel and Levin（1993）による別の研究成果にある。この研究では、実験室内の状況において、セカンドプライス・オークションで混乱してしまうような入札者であっても、eBayで使われている種類の競り上げ式オークションでは支配的で正直な戦略をプレイする。

「動的メカニズム」は、直接メカニズムとは違って、参加者が単に価値を報告するのではなく、行動の機会を複数持つようなメカニズムである。例えば競り上げ式オークションでは、入札者には通常、自分の入札を改善する（つまり入札額を上げる）機会が複数回ある。入札者が売り手なら、競り下げ式オークションで同じことが起こり、入札者は入札額を下げることで自分の提示を動的に改善する。

　動的メカニズムでは、入札者 n の戦略 σ_n^*（「正直な」戦略）が（Li の定義によれば）「自明支配的」とされるのは、同じ入札者のほかの戦略 σ_n について、この2つの戦略が最初に分岐する任意の選択ノード n で、σ_n に従い続けることで得られる可能なかぎり最大の利得が、σ_n^* に従い続けることで得られる可能なかぎり最小の利得と等しいかそれ未満である場合だ。あるメカニズムに、それぞれの入札者が自明支配戦略をつねに持つという性質があるなら、そのメカニズムは「自明耐戦略的」である。このセクションでは、この概念を言葉で説明するにとどめ、具体的なオークション分類の定式化については次のセクションで取り上げる[2]。

　競売人に売る（または買う）ものが1つだけある場合に、ヴィックリーのセカンドプライス・オークションが自明耐戦略的ではないことは簡単に確認できる。入札者が、10の価値をつけている品物を売りたいと考えていて、それを10ではなく8で入札するかどうか検討するケースを考えよう。この入札者が、支配戦略である10で入札するなら、起こりうる最悪の結果は、落札できず

に利得がゼロになることだ。一方、この入札者が8で入札すれば、$X > 10$ の価格のケースでは落札でき、$X - 10 > 0$ のケースで正の利得を得るので、得られる最大の利得は厳密に正になる。正直な入札で得られる最小の利得が、逸脱で得られる利得より小さいので、このオークションは（訳注：耐戦略的ではあるものの）自明耐戦略性は満たさない。

　これとは対照的なものとして、動的な時計オークション・メカニズムを考えよう。ここでいう「時計」は、変化する可能性のある価格を示すディスプレイを直観的に言い表したものだ。この価格の時計は高い金額から始まり、オークションの最中にその金額が刻々と減っていく。入札者の価格が変わるたびに、その入札者は入札を続けたいかどうかを確認される。「いいえ」と答えると、その入札者はオークションから退出する。「いいえ」と一度も答えずに残った入札者が1人だけになったら、その入札者が落札者になり、最後に受け入れた価格を支払う。1回ごとの価格の減少幅がとても小さく（入札者らの供給費用の差よりも小さい）、入札者らに示される価格がほぼ等しくて、1回に1人の入札者の価格だけが調整されるなら、このメカニズムはヴィックリー・オークションによく似ている。その理由は3つある。1つめはこのメカニズムが耐戦略的であること、2つめは最後まで参加し続けた入札者の供給費用が最も少ないこと、3つめはその時点で時計に表示される価格が2番目に低い供給費用にほぼ等しいことだ。

　ヴィックリー・オークションとは違い、この時計オークションではどの入札者にも1つの自明支配戦略がある。それは、価格が自分の評価額より高ければ「はい」と言い、それ以外なら「いいえ」と言うことだ。この正直な戦略が自明支配的であることを確かめるなら、どの選択ノードから始めても、入札者が財を売って損をすることはないので、正直な入札で得られる可能性のある最

低利得はゼロであることに注目しよう。一方で、入札者が何かほかの戦略を採用すれば、その戦略が正直な戦略から逸脱するどの選択ノードから始めても、得られる可能性のある最高利得はゼロである。その理由は、そうした入札者は、逸脱して「いいえ」と答えると、支払われる額が必ずゼロになるし、逸脱して「はい」と答えれば、価格が必ず自らの評価額より低くなるので、このケースで起こりうる最善の結果は、落札できずに利益がゼロになることだからだ。

　自明耐戦略性の定義には、重要かつ細かな点がたくさん詰め込まれている。1つめは、提案された戦略が自明支配的であることを、メカニズムのプレイ中に入札者が確認するのは、支配戦略の確認と比べれば簡単だということだ。それは、確認には最良の利得と最悪の利得を表す2つの数を比較するだけでいいからだ。ただしこの比較は選択のたびにおこなう必要がある。対照的にセカンドプライス・オークションでは、正直な入札がそれに代わるどんな特定の戦略よりも優れていることを確かめるのに、入札者は、得る可能性があるものに対応する2つの潜在的な利得ベクトルを計算して、それをほかの入札者が取り得る戦略の組み合わせすべてと比較しなければならない。ある戦略が支配的であることを検証するには、すべての代替的戦略について同じことをしなければならないのだ。日常的な言葉で言い表すと、このことは、ヴィックリー・オークションにおける支配性の検証には「偶発的推論」が必要だというのと、場合によっては同じ意味になる。つまり、入札者は個々のケースを熟慮して、比較対象の2つの戦略についてそれぞれのケースで起こりうることを比較しなければならない。自明耐戦略的なメカニズムでは、参加者は偶発的推論を用いる必要から解放される。

　2つめは、時計オークションでは、入札者がメカニズムの運用

者を理解し、信頼する必要性が低くなることだ。入札者が、ある戦略が自明支配的であると結論づけるには、次の2点だけを知っていればいい。1つめが「いいえ」と答えれば、利得がゼロでオークションから退出すること、2つめが「はい」と答えれば、その価格で供給する権利を落札するか、メカニズムが続けて別のより低い価格を提示するか、そのどちらかになることだ。ほかに何人の入札者が参加しているか、いくつの品物が購入されているか、時計がどのような将来価格を選ぶか、入札を続けている入札者がほかにいなくなっても時計が進み続ける場合があるかどうかといったことを、入札者が知っている必要はない。入札者が結論に至るために知っていたり、理解したり、信頼したりする必要があるのは、先に示した2点だけだ。さらに入札者は、競売人が不適切なタイミングで入札状況を見るのを心配する必要もない。競売人はメカニズムを動かすために入札状況を定期的に見る。しかし封印入札であれば、入札状況を見れば価格を安全に操作する方法がわかるのとは対照的に、時計オークションには価格を安全に操作する方法が存在しない。競売人は、入札者が次の価格にどのように反応するかを知らないからだ。

　動的であるおかげで、インセンティブの計算は簡単になるが、動的メカニズムの結果をほかのメカニズムの結果と比較するには、やはり直接メカニズムを考えると役に立つ。入札者の数や、入札者の正直な戦略、そして時計をいつ、どのくらい進めるのかについてのルールが決まった後は、入札者のタイプθが与えられれば、動的メカニズムでの正直な入札から生じる配分と価格を推測できる。その配分と価格の組を$(\alpha(\theta), p^{\alpha}(\theta))$とする。入札者のタイプの報告を受け取り、$(\alpha(\theta), p^{\alpha}(\theta))$という結果を生成するメカニズムは直接メカニズムである。動的オークションが自明耐戦略的であれば、(α, p^{α})という直接メカニズムも確かに耐戦略的になる。

直観的にいえば、直接メカニズムが表しているのは、入札者が自分のタイプを競売人に報告し、その競売人は入札者が望むのと同じように、動的メカニズムにおいて正直な戦略をプレイすると約束するような状況だ。もし入札者が、自分のタイプを競売人に正しく伝えないことが利益につながると気づいたとするならば、自明耐戦略的なプレイから同様に逸脱することで利益につながるはずだが、これは（訳注：動的オークションが自明耐戦略的であるという仮定と）矛盾している。

4.2 受入保留方式時計オークション

ここで、競売人が買い手、入札者が売り手であり、それぞれの入札者が売りに出す品物を1つだけ持っている環境に戻ろう。先ほど直観的に説明した時計オークションで用いられている繰り返しプロセスでは、価格を拒否した入札者はオークションから不可逆的に退出させられるが、どの入札者も、オークションの最後の最後まで勝者として受け入れられない。受け入れの決定が最後まで引き延ばされること、そしてこの特徴が有名なゲール＝シャプレイの受入保留方式アルゴリズムと共通することから、このオークションを「受入保留方式時計オークション」と呼ぼう[3]。

先ほどの直観的な説明に十分な詳細を加えて定式化できるようにするには、2つの細かな条件を追加する必要がある。1つめは、オークションの実施中にそれぞれの入札者が、それまでの経緯について何を説明されるかについての条件だ。2つめは、提示価格がどのようにして決定されるかについての条件である。耐戦略的メカニズムでは、参加者が競合相手の動きについて何を学んだとしても、参加者にとって最適な選択肢が最適であり続ける。その

ため、入札者が決定をするときにプレイの全履歴を知らされているようなメカニズムに注目することで、説明を簡略化できる。この後の議論で、さまざまな受入保留方式時計オークションの間に導入する定式化において異なっているのは、価格の設定方法を決めるのに用いる関数 p だけだ。関数 p に課す唯一の制約は、どの入札者の価格も、ラウンドが進むにつれて増加することが決してないというものである。

記法を導入する必要のある重要な概念が、ラウンドや、活動中の入札者、履歴などである。このオークションは、$t = 1, 2, \ldots$ という離散的な一連のラウンドで起こり、各ラウンド t では、入札者の集合 $A_i \subseteq N$ はいまだ「活動中」である。ラウンド t までのオークションの活動履歴を、$A^t \overset{\text{def}}{=} (A_1, \ldots, A_t)$ と表す。また、あらゆる可能な活動履歴の集合を $\mathcal{H}$ とおく。

時計オークションは、すべての $t \geq 2$ とすべての履歴 A^t について $p(A^t) \leq p(A^{t-1})$ であるような関数 $p : \mathcal{H} \to \mathbb{R}_+^N$ である。関数 p は、次のようにプレイされる「経済学的メカニズム」を規定する。最初はすべての入札者が活動中、つまり $A_1 = N$ である。そしてラウンド1で提示される価格は、ベクトル $p(A_1) = p(N)$ で与えられる。どのラウンド t でも、価格はベクトル $p(A^t)$ で与えられ、それぞれの入札者 n は全履歴 A^t を知らされる。次に、$p_n(A^t) < p_n(A^{t-1})$ であるそれぞれの入札者 n は、「退出する」かどうかについての選択をする。一方、$p_n(A^t) = p_n(A^{t-1})$ である入札者は選択をしない。退出しない入札者は「継続する」とされる。ラウンド t で退出を選択する入札者の集合を $E_t \subseteq A_t$ と表す。次のラウンドで活動中の入札者は、退出しなかった入札者 $A_{t+1} = A_t - E_t$ である。定義により、連続するラウンド $t-1$ と t で任意の入札者 n に提示される価格は必ず減少する。つまり $p_n(A^t) \leq p_n(A^{t-1})$ である。オークションは、$p(A^t) = p(A^{t-1})$ と

なる最初のラウンド$t \geq 2$で終了する。つまり、オークションは価格が変化しないことを価格決定ルールが特定した時点で終わりになるということだ。最終ラウンドtにおいて$n \in A_t$のとき、かつそのときにかぎり、入札者nが落札者である。落札者nはその商品を売り、最終価格$p_n(A^t)$を支払われる。これを文章に置き換えると、オークションの最後でまだ活動中の入札者が落札者であり、支払われる価格は最終的な時計価格である。

$\mathcal{K}_n = \{A^t \in \mathcal{K} \mid p_n(A^t) < p_n(A^{t-1})\}$とおく。これは、$n$が退出するかしないかを選択しなければならない時点での履歴である。このメカニズムにおける入札者nのプレイプランは「戦略」と呼ばれ、関数$\sigma_n : \mathcal{K}_n \rightarrow \{退出, 継続\}$である。つまりある戦略は、任意のプレイの履歴の後に退出するかどうかを指定する。Tがオークションの最終ラウンドであれば、最終履歴は$A^T(\sigma)$と表され、それぞれの入札者nの利得は次のように記述される。

$$\pi_n(A^T(\sigma)) = \begin{cases} 0 & n \notin A^T(\sigma) \text{ のとき} \\ p_n(A^T(\sigma)) - v_n & n \in A^T(\sigma) \text{ のとき} \end{cases} \quad (13)$$

この式でv_nは入札者が自分の品物を供給する（機会）費用である。オークションの終了段階で、もはや活動中ではない入札者は「落札できない入札者」である。彼らは品物を供給することも、代金を受け取ることもなく、利得はゼロである。終了段階でまだ活動中の入札者が落札者になり、品物を供給し、受け取る代金と供給費用の差に相当する利得を得る。

4.2.1 インセンティブの性質

最初にすべきことは、受入保留方式時計オークションにそなわる特に優れたインセンティブの性質を特徴づけることだ。ここで

は2種類の性質を扱う。1つは自明耐戦略性に、もう1つはこの
オークションで入札者グループが談合しようとするときのインセ
ンティブにかかわる性質である。

定義

1. ラウンドtでσのプレイから履歴A^tが生じるならば、戦
略プロファイル$\sigma = (\sigma_1, \ldots, \sigma_N)$は履歴$A^t$と一致し、これを
$\sigma \in C(A^t)$と書く。

2. $\sigma_n(A^t) \neq \hat{\sigma}_n(A^t)$が次を意味するならば、戦略$\sigma_n$は戦略
$\hat{\sigma}_n$を自明支配する。

$$\max_{\{\sigma_{-n} \mid (\hat{\sigma}_n, \sigma_{-n}) \in C(A^t)\}} \pi_n\left(A^T(\hat{\sigma}_n, \sigma_{-n})\right)$$
$$\leq \min_{\{\sigma_{-n} \mid (\sigma_n, \sigma_{-n}) \in C(A^t)\}} \pi_n\left(A^T(\hat{\sigma}_n, \sigma_{-n})\right)$$

3. 戦略σ_nは、それに代わるあらゆる戦略$\hat{\sigma}_n$を自明支配する
ならば、自明支配的である。

4. 受入保留方式時計オークションにおける正直な戦略は、
$p_n(A^t) < v_n$ならば$\sigma_n(A^t) = $退出であり、それ以外ならば
$\sigma_n(A^t) = $継続である。

　直観的にいえば、プレイのありえる任意の履歴A^tを終えた時
点で、直接的な逸脱によって期待できる最良の利益が、逸脱をせ
ず、つねに戦略σ_nに従ってプレイすることから期待できる最悪
の利益を上回らないなら、戦略σ_nは自明支配的である。自明耐
戦略性の証明は、それ自体が自明であるべきであり（そうでなけ
れば、入札者が理解できない）、幸いなことに、次の証明はそう
なっている。

命題4.1

あらゆる受入保留方式時計オークションにおいて、正直な戦略は自明支配的である。

命題4.1の証明

まず $p_n(A^t) \geq v_n$ とする。売り手がその状況で退出することにより、正直な入札から逸脱するならば、その退出は $n \notin A^T$ を意味する。つまり入札者は落札できず、得られる利得はゼロである。正直な入札では、利得がゼロより小さくなることはないので、$p_n(A^t) \geq v_n$ の場合には、正直な入札はつねに少なくとも、プレイの任意の連続経路に沿った最善の可能性と同等の良い結果をもたらす。

次に $p_n(A^t) < v_n$ とする。そうすると、正直に入札する入札者は退出し、得られる利得はゼロである。売り手がその状況で正直な入札から逸脱する場合、2つの可能性がある。1つは $n \notin A^T$ (売り手が負ける)で、この場合の売り手の利得はゼロである。もう1つは $n \in A^T$ で、この場合、売り手は価格 $p_n(A^T) \leq p_n(A^t) < v_n$ で落札し、利得が $p_n(A^T) - v_n < 0$ となる。起こりうる最善の結果は、逸脱した売り手の利得がゼロであることなので、$p_n(A^t) < v_n$ の場合には、正直な入札はつねに少なくとも、プレイの任意の連続経路に沿った、期待される最善の可能性と同等に良い結果をもたらす。∎

自明耐戦略性が意味するところには興味深い点が1つあり、それは談合を試みる入札者グループのインセンティブに関わるものだ。どんなオークションも談合と無縁ではなく、ほかの入札者を買収することで、オークションから退出させたり、激しい競争を避けたりして、自分が落札者になることができる。しかし既にみ

てきたとおり、ヴィックリー・オークションは談合の影響を普通のオークションよりもさらに受けやすい。賄賂の支払いがなくても談合を促せるからだ。さらに悪いことに（支払いがなくても）敗者が落札者になって利益をあげられるような談合すら場合によっては可能である。そのことが潜在的に重要なのは、支払いが必要なく、目配せとうなずくしぐさだけで意思を疎通しあい、その入札者らが相互利益について認識さえしていればよい種類の談合と比べると、支払いが必要な談合は検出されるリスクがはるかに大きいからだ。そのため、オークションがそうした弱い形の（支払いをともなわない）談合に耐性を持つのはどんな場合なのか、確かめる価値はある。それはつまり、オークションにおいてどんな入札者グループが談合をおこない、どのように戦略を変えたとしても、談合の参加者全員が（正直に入札した場合と比べて）厳密に高い利得を得ることはできないような状況のことだ。

定義

(i) 正直な入札（$\bar{\sigma}$）が支配戦略であり、(ii) すべての $n \in S$ について $\pi_n(\sigma_S, \bar{\sigma}_{N-S}) > \pi_n(\bar{\sigma})$ であるような入札者の集合 S と代替の戦略プロファイル σ が存在しない場合、オークションは「グループ耐戦略性」を持つ。

命題4.2

あらゆる受入保留方式時計オークションはグループ耐戦略性を持つ。

命題4.2の証明

潜在的な談合者の任意の集合 S' を考え、談合者の1人、例えば入札者 n が正直な入札から逸脱する最初のラウンドを考えよう。

その時点で、この入札者の価格はその価値よりも高くないので、集合S'内のほかのプレイヤーがどんな戦略をとろうとも、nの逸脱がゼロより大きな利得につながることはありえない。これに対して、正直な入札がゼロより小さな利得につながることはない。したがって、入札者nが談合グループに参加することで厳密に利益を得ることはない。■

4.2.2 貪欲アルゴリズムとしての受入保留方式時計オークション

ここでふたたび、競売人／買い手には、拒否しても購入目標を達成できるような、入札者／売り手の集合にかんする制約があると考えよう。私たちの目的は、買い手の制約を満たすことを保証する受入保留方式時計オークションを考えることだ。

前に定義した記法を用いると、入札の集合Aは、$A \in \mathcal{A}$ならばこの買い手にとって受け入れ可能である。これに対応する、拒否が実行可能な入札の集合は$\mathcal{R} = \{R \mid R^c \in \mathcal{A}\}$内にある。この問題の枠組みとして、3章で説明した$\mathcal{R}$の2つの性質を採用する。それは（1）$\varnothing \in \mathcal{R}$と（2）$R' \subset R \in \mathcal{R} \Rightarrow R' \in \mathcal{R}$である。1つめの性質が意味するのは、すべての入札者がオークションの開始時に参加している場合、全員を勝者にする結果が実行可能ということだ。2つめの性質の意味は、入札者の集合Rを拒否すること（および入札者Aの補集合を受け入れること）が実行可能なら、Rの任意の部分集合を拒否すること（およびAの任意の上位集合を受け入れること）もやはり可能だということだ。

ここでは、実行可能な結果を保証するような、受入保留方式時計オークションの部分集合だけに注目する。直観的には、これは次のようなしくみである。各ラウンドでオークションシステムは、活動中の入札者の退出に実行不可能の恐れがあるかどうか確認し、

もしその恐れがあれば、その入札者を「重要」と分類する。これは、その入札者の価格がさらに下げられることはなく、その入札者が最終的に落札者になることを意味する。それ以外の活動中の入札者は「重要ではない」。任意のラウンド t において、オークションは、1人の重要ではない入札者 $n^*(A^t)$ の価格を、ある減少幅 $\Delta(A^t) \leq p_{n^*}(A^{t-1})$ で減少させる。私たちはこのプロセスが有限であると仮定する[4]。このプロセスが、活動中の入札者すべてが「重要」になるか、ゼロの価格を提示されるまで繰り返される。そして、さらに価格の変化がなければオークションは終了する。

　以下は、同じオークションアルゴリズムを数式で表したものだ。

入札者1人ずつ価格が漸減するアルゴリズム

　1.　$F_t = \{n \in A_t \mid p_n(A^{t-1}) > 0, \mathcal{N} - A_t \cup \{n\} \in \mathcal{R}\}$ とおく（これはラウンド $t-1$ を終えた時点で正の価格を持つ、重要ではない入札者の集合である）。

　2.　$F_t = \varnothing$ ならば $p(A^t) = p(A^{t-1})$ であり、オークションは終了する（入札者が退出して、実行不可能な配分になる危険を冒さずに、どの入札者の提示価格も下げることが不可能な時点で、オークションが終了する）。

　3.　$F_t \neq \varnothing$ ならば、（1人の入札者の価格が漸減し）次のようになる。

$$p_n(A^t) = \begin{cases} p_n(A^{t-1}) - \Delta(A^t) & n = n^*(A^t) \text{ のとき} \\ p_n(A^{t-1}) & n \in A \text{ および } n \neq n^*(A^t) \text{ のとき} \end{cases}$$

入札者は、自分の価格が下げられた場合にのみ退出を選択でき、入札者の価格は、退出が実行不可能な配分につながらない場合にのみ下げられるので、そうした価格決定アルゴリズムによる受入

保留方式時計オークションの結果はつねに実行可能である。

命題4.3
　入札者1人ずつ価格が漸減するアルゴリズムによる、すべての受入保留方式時計オークションは、実行可能な配分で終了する。

　このクラスで特に単純なアルゴリズムは、(i) 減少幅 $\Delta(A') = \Delta$ が正の定数であり、(ii) $n^*(A')$ が入札者 $1, \ldots, N$ の中から、重要であるか、活動中でないか、価格がゼロの入札者をスキップして、該当する入札者を順番に割り当てるようなアルゴリズムである。私たちはこれを「減少幅 Δ の標準時計オークション」と呼ぶ。そうしたオークションのどのラウンドでも、重要ではない任意の2人の入札者では、時計価格が同じか、厳密に Δ だけ異なる。
　標準時計オークションで、それぞれの入札者 n が自らの自明支配戦略をプレイすると考える。その場合、減少幅 Δ が十分に小さければ、最初に退出する入札者は、価格が自分の価値以下に下がったことに最初に気づく、重要ではない入札者だろう。その入札者は、そうした入札者が1人だけなら最も価値の高い入札者であり、そうでなければ複数いる最も価値の高い入札者のうちの1人である。その入札者が退出すると、重要な入札者の集合が再計算され、拡大される可能性がある。次に退出する入札者もやはり、最も価値が高く、その時点で重要ではない入札者である。したがって、標準時計オークションの勝者の集合は、入札者が自分の価値を競売人に正直に報告したうえで、競売人がある貪欲拒否アルゴリズムを適用して、どの入札者を拒否すべきか決める場合の集合と同じになる。ここで「前述の」貪欲拒否アルゴリズムではなく、「ある」貪欲拒否アルゴリズムとするのは、2人以上の入札

者の価値が同じような状況では、入札者の順序が、どの入札者が
拒否されるかに影響する可能性があるからだ。

命題4.4

$\Delta < \min \{v_i - v_j \mid i, j \in \mathcal{N}, v_i \neq v_j\}$ とする。そうすると、減少幅
Δ の標準時計オークションは、貪欲拒否アルゴリズムと同じよう
に入札者を拒否する。

次に、この結果を2.4節で導入したマトロイドと結びつける。
命題4.4と命題2.14を組み合わせると次のようになる。

命題4.5

$\mathcal{R}$ がマトロイドであり、$\Delta < \min \{v_i - v_j \mid i, j \in \mathcal{N}, v_i \neq v_j\}$ なら
ば、減少幅 Δ の標準時計オークションは最適配分をもたらす。

4.2.3　秘匿性の性質

実際のオークションでは、落札者が受け入れるつもりがあった
価格を他人に知られることを、競売人か落札者のいずれかが嫌が
ることがあり、その理由はいくつか考えられる。まず競売人にと
っては、リバース・オークション（訳注：売り手が入札者のオーク
ション）の落札者がもっと安い価格を受け入れる用意があったこ
とを、一般の人々や自らのクライアントに知られてしまうおそれ
がある。そうした問題がフォワード・オークション（訳注：買い
手が入札者のオークション）で起こったケースとして有名なのが、
1980年代にニュージーランドで実施されたテレビ放送権売却の
ためのオークションだ。ニュージーランド政府は、落札者が2番
目に高い入札額と等しい額を支払う、セカンドプライス・オーク

ションのしくみを用いた。実際のオークションでの落札者の入札額は10万ニュージーランドドルだったが、落札者が支払ったのはわずか6ニュージーランドドルだった。それが2番目に高い入札額だったからだ（当時の為替レートは1ニュージーランドドル＝0.55米ドル）。その差額の大きさは新聞各紙で報じられたため、政府は恥ずかしい思いをした。

入札者もやはり、特定の取引がもたらす利益の大きさを競合企業や供給者などに知られないように、支払う用意のある額を秘密にしたいと考えることがある。

秘匿性について共通する希望を考慮してみると、競り下げ式時計オークションには特に優れた性質がもう1つあることがわかる。それは、入札を通じてすべての入札者に厳密な価値の公開を求めるのではなく、落札者に対して、落札者であることの証明に必要な最小限の情報の公開だけを求めることだ。計算機科学では、この性質は「無条件秘匿性」として知られている。こうした秘匿性の概念は、自らの価値を公開することに対する入札者の懸念を緩和するだけでなく、自分の厳密な価値を把握するのは費用がかさむと考える入札者が簡単に入札できるようになるという点でも有益だ。Milgrom and Segal（2015）は、時計オークションが基本的に、支配戦略のインセンティブをもたらしながら、同時に落札者の無条件秘匿性を維持する唯一のメカニズムであることを明らかにしている。

4.3　近似マトロイドと代替性指標

実際の場面では、貪欲アルゴリズムに基づく手順がかなりうまく機能することが多い。私とケヴィン・レイトン=ブラウン、ニ

ール・ニューマン、イリヤ・シーガルは、米国のインセンティブ・オークションの小規模なシミュレーションを実施し（Leyton-Brown et al., 2016）、このオークションで得られる価値が、概して最適化計算で得られる価値の95パーセント以上になることを発見した。実際のオークションでは、ヴィックリー結果とヴィックリー価格を計算することはできない。私たちの小規模なシミュレーションでは、ヴィックリー結果の計算には貪欲アルゴリズムによるオークションのおよそ1000倍の時間がかかったが、貪欲アルゴリズムでは最適化の値の95パーセント以上を達成できた。この驚くほど優れたパフォーマンスには説明が必要であり、以下では、その説明につながるかもしれない初期段階のアイデアを提示する。

　$\mathcal{R}$がマトロイドである場合、標準時計オークションはシンプルであり、パフォーマンスがよいことを考えると、実行可能な集合の関連する部分がマトロイドによってほぼ記述される場合、同様のオークションはうまく機能すると期待される。この主張を定式化して確かめるためには、私は「関連する」（relevant）と「ほぼ」（nearly）という単語の意味を適切にとらえた、定式化された説明をしなければならない。

　まず、「関連する」（relevant）という単語に注目すると、私の頭にあるのは、混雑空港の離着陸スケジュールを決定するような問題だ。そうした問題の分析担当者は、滑走路のスペースのように、最適条件を得るための重要な決定要因になる可能性が高い制約もあれば、ターミナルのスペースのように、拘束力がない可能性が高い制約もあることを認識するか、推測するだろう。それをモデル化するために、制約のすべてが集合$\mathcal{R}$で記述されるが、分析者は最適条件がより小さな$O \subseteq \mathcal{R}$内にあると考えているとしよう。Oと$\mathcal{R}$の両方が自由処分性を持つと仮定する。分析者が有益

な情報を持たない場合、それをこのモデルで表現するために、$\mathcal{O}=\mathcal{R}$と規定する。確実に拘束力を持つ制約と、確実に拘束力を持たない制約があることを分析者が知っている場合には、$\mathcal{O}\subset\mathcal{R}$となる可能性がある。

「ほぼ」（nearly）という単語については、特定のマトロイド$\mathcal{M}$内の集合が$\mathcal{O}$内の集合をどれくらいよく近似するのかを表すために、ある指標を導入する。特定の集合$X\in\mathcal{O}$に注目すると、最も良い内部近似は、Xの要素を最も多く含む集合$\mathrm{M}\in\mathcal{M}$である。最も悪い近似は$\min_{X\in\mathcal{O}}\max_{M\in\mathcal{M},M\subseteq X}\dfrac{|M|}{|X|}$によって評価される。

近似マトロイド$\mathcal{M}\subseteq\mathcal{R}$だけに注目すると、近似集合$M\in\mathcal{M}$はそれ自体が実行可能である。このアプローチでいけば、関連する制約をマトロイドで近似できることは、次のように定義される「代替性指標」で記述される。

定義

Nの部分集合の系$\mathcal{R}$を与えられると、最も良い近似マトロイドは$\mathcal{M}^*=\mathcal{M}^*(\mathcal{R},\mathcal{O})$、代替性指標は$\rho(\mathcal{R},\mathcal{O})$で表される。この場合、

$$\mathcal{M}^*\in argmax_{M\text{ a matroid},M\subseteq R}\min_{X\in\mathcal{O}}\max_{M\in\mathcal{M},M\subseteq X}\frac{|M|}{|X|} \quad (14)$$

および

$$\rho(\mathcal{R},\mathcal{O})\overset{\text{def}}{=}\min_{X\in\mathcal{O}}\max_{M\in\mathcal{M}^*,M\subseteq X}\frac{|M|}{|X|} \quad (15)$$

である。$\mathcal{R}$がマトロイドならば、$\mathcal{M}^*=\mathcal{R}$かつ$\rho(\mathcal{R},\mathcal{O})=1$である。

ここで$\mathcal{R}$と$\mathcal{O}$を与えられた場合、近最適値を見つける場合の貪

欲アルゴリズムの最悪のパフォーマンスも、この指標で記述されることを示す。そのために、$v(S) \overset{\text{def}}{=} \sum_{n \in S} v_n$ という記法を思い出そう。

命題4.6

$$\min_{v>0} \frac{\max_{M \in \mathcal{M}^*} v(M)}{\max_{S \in \mathcal{O}} v(S)} = \rho(\mathcal{R}, \mathcal{O})$$

命題4.6の証明

$$v^* \in argmin_{v>0} \frac{\max_{M \in \mathcal{M}^*} v(M)}{\max_{S \in \mathcal{O}} v(S)}, \quad \rho^* \overset{\text{def}}{=} \frac{\max_{M \in \mathcal{M}^*} v^*(M)}{\max_{S \in \mathcal{O}} v^*(S)}$$

とおく。$\underline{v} = \min\{v_n^* \mid v_n^* > 0\}$ および $X_+ = \{n \mid v_n^* = \underline{v}\}$ とする。$\alpha > 0$ の場合、$\hat{v}_n^{*\alpha} \overset{\text{def}}{=} \begin{Bmatrix} \alpha\underline{v} & n \in X_+ \text{ のとき} \\ v_n^* & n \notin X_+ \text{ のとき} \end{Bmatrix}$ と定義する。1に近い α について、対応する目的関数の値は次の関数で与えられる。

$$\hat{\rho}\left(\alpha\right) \overset{\text{def}}{=} \frac{\max_{M \in \mathcal{M}^*} v^{*\alpha}(M)}{\max_{S \in \mathcal{O}} v^{*\alpha}(S)} = \frac{\alpha\underline{v}\left|X_+ \cap X_{\mathcal{M}^*}\right| + \sum_{n \in (X_{\mathcal{M}^*} - X_+) \cap X_{\mathcal{M}^*}} v_n^*}{\alpha\underline{v}\left|X_+ \cap X_{\mathcal{O}}\right| + \sum_{n \in (X_{\mathcal{O}} - X_+) \cap X_{\mathcal{O}}} v_n^*}$$

このとき $X_{\mathcal{O}} \in argmax_{S \in \mathcal{O}} \sum_{n \in S} v_n^*$ および $X_{\mathcal{M}^*} \in argmax_{S \in \mathcal{M}^*} \sum_{n \in S} v_n^*$ である。

$\rho^* = \dfrac{\left|X_+ \cap X_{\mathcal{M}^*}\right|}{\left|X_+ \cap X_{\mathcal{O}}\right|}$ でないかぎり $\hat{\rho}(\cdot)$ は厳密に単調であること、そして $v^* = v^{*1}$ という最適化条件から $\hat{\rho}(\alpha)$ は $\alpha = 1$ で最小値をとることに注意しよう。したがって 1_{X_+}、$1_{X_+ \cap X_{\mathcal{O}}} \in argmin_{v>0} \dfrac{\max_{M \in \mathcal{M}^*} v(M)}{\max_{S \in \mathcal{O}} v(S)}$ であり、$\rho^* = \rho(\mathcal{R}, \mathcal{O})$ である。∎

命題4.6に従うと、代替性指標は集合の最も悪い近接度を評価するだけでなく、計算が難しい$\mathcal{R}$の問題の代わりに、計算が簡単な$\mathcal{M}^*$の問題を解くことで得られる最悪の利得率も評価する。マトロイド$\mathcal{M}^*$の問題が簡単なのは、それが厳密に貪欲アルゴリズムで解けるからだ。さらに貪欲アルゴリズムでは単調な勝者選択ルールがもたらされるので、それを耐戦略的なオークションに組み入れることができる。

　命題4.6が特に重要になるのは、放送用電波インセンティブ・オークションのように、制約が事前に知られており、最適値において拘束している可能性が高い制約についての情報がある応用例だ。この命題は、$\rho(\mathcal{R}, \mathcal{O})$が1に近ければ、実際の制約や、特定の貪欲アルゴリズムを調整して、関連する集合内のあらゆる値についてうまく機能するように調整可能であることを示している。またこの命題からは、標準的な貪欲アルゴリズムではあるものの、実際の制約$\mathcal{R}$ではなく制約$\mathcal{M}^*$を用いている、ある特定の貪欲アルゴリズムのパフォーマンスの下限が得られる。

　それよりもさらによいパフォーマンスを示す、貪欲アルゴリズムなどの別のアルゴリズムもある。まず、標準的な貪欲メカニズムを$(N, v, \mathcal{M}^*)$に適用する。次にそれが停止したら、制約を$\mathcal{M}^*$から$\mathcal{R}$へと緩和して、実行可能なかぎり品物を貪欲に追加し続ける。最悪の場合、さらに詰められる品物がなければ、解は近似貪欲アルゴリズムと同じになる。しかしこうした拡張では、品物が追加して詰められるので、厳密な改良につながることが多い。この改良された貪欲アルゴリズムがやはり単調であることの確認は難しくないので、それを耐戦略的オークションの一部として用いることは可能だ。

4.3.1 チャンネル割り当ての例

　米国では、世界の大半の国々と同様に、大都市は船荷取引の機会を活用しながら成長してきた。そのためおおまかに考えれば、都市とテレビ局は、南北方向に伸びると仮定される1本の海岸線沿いに、直線的に並ぶものとして概念化できる。各大都市圏内でのテレビ局間の距離は、2つのテレビ局が同じチャンネルで放送をしていれば、一方のテレビ局が他方のテレビ局の少なくとも一部顧客の電波受信に干渉するほどに近いと考える。さらに、大都市圏の境界近くに位置する一部のテレビ局は、隣の都市のテレビ局と干渉する可能性があるので、そうしたテレビ局を別のチャンネルに割り当てる必要があるとする。利用できるチャンネル数がCであり、それぞれのテレビ局が干渉する可能性のある範囲は、その北側と南側でそれぞれI番目に近いテレビ局までと仮定する。テレビ局nが位置する都市を$x(n)$と表す。テレビ局の集合Sが実行可能であるための明らかな必要条件は、それぞれの都市Xについて$|\{n \in S \mid x(n) = X\}| \leq C$であることだ。これは、1つの都市で割り当てられるテレビ局の数は、利用可能なチャンネルの総数を上回ることができないことを意味する。

　そうした系Sが与えられた場合、北のテレビ局から南のテレビ局へ順番に、それぞれにチャンネル1からチャンネルCまでを割り当ててみて、次のテレビ局にはまたチャンネル1から割り当ててみる、という作業を繰り返すとしよう。$C > I$ならば、あるテレビ局が、北側か南側へI番目までの範囲にあるテレビ局のいずれかと同じチャンネルに割り当てられることはないので、この割り当てが干渉を引き起こすことはない。したがって、テレビ局の実行可能な系$\mathcal{R}$は、マトロイド$\mathcal{R}' = \{S : |\{n \in S \mid x(n) = X\}| \leq C\}$と一致する。一方で$C \leq I$ならば、作成されたマトロイド$\mathcal{R}'$に

よって$\mathcal{R}$を内側から制約することはやはり可能である。それには例えば、それぞれの都市で、最も北からI番目までのテレビ局のうち、放送を続けるのでチャンネルを割り当てなければならないテレビ局の数が$C-1$を上回ることはないという制約を追加する。この追加的な制約は実際の問題には存在しないため、それを加えることで得られるマトロイド$\mathcal{R}'$は実際の制約集合$\mathcal{R}$の内側に包含される。それにもかかわらず、この小さな集合で貪欲アルゴリズムを実行すると、(本例の集合$\mathcal{R}$のもとでの) 最適値を近似的に達成できる可能性がある。実際に$\mathcal{R}'$をそのように選択すると、$\min_{X \in \mathcal{R}} \max_{X' \in \mathcal{R}'} \dfrac{|X \cap X'|}{|X|} \geq \dfrac{C-1}{I}$ である。したがってテレビ局の実際の価値にかかわらず、マトロイド$\mathcal{R}'$を用いる貪欲アルゴリズムは、実際の制約を使用する最適値の少なくとも$\dfrac{C-1}{I}$にあたる総価値を持つテレビ局の集合を選択する。

4.4 インセンティブ・オークションの制約と貪欲アルゴリズム

前述の例と同じように、FCC の放送用電波インセンティブ・オークションの落札者の集合への制約は、間接的にではなく、別の問題への解として与えられる。それは、テレビ局が電波での放送をおこなえるようにテレビチャンネルへ割り当てるための実行可能な方法を見つけるという問題だ。そうした別の問題には2種類の制約がある。1つめは、それぞれのテレビ局が利用できるチャンネルを間接的に制限する制約だ。例えば、ニューヨーク州シラキュースのテレビ局は、近くのカナダのテレビ局のために確保済みであるという理由で、特定のチャンネルを使用できない可能

性がある。2つめは一部の割り当ての組を禁止する制約である。この制約で最も多い例は、例えば X と Y という、近くにある2つのテレビ局の両方にチャンネル26を割り当てることを禁止するという例だ。その理由は、放送地域が大幅に重なっているためか、あるいは X が放送地域外にあっても、その地域で放送することになっている Y まで距離があるせいで、テレビ局 X からの比較的弱い信号が、Y の信号に干渉する程度には強いためか、どちらかである。さらにそれ以外に、異なるチャンネル上にあるテレビ局に影響を与える制約が存在する場合もある。例えば、テレビ局 X をチャンネル26に割り当て、テレビ局 Y をチャンネル27か28に割り当てることが禁じられる可能性がある。

インセンティブ・オークションで、電波での放送を継続し、オークションに参加しないことを選択するテレビ局の集合を A としよう。そうしたテレビ局にチャンネルを割り当てる必要はつねにある。さらにこれとは別に、要求価格が高すぎるために、システム側が現時点の入札を拒否したいと考えているテレビ局の集合を R とする。この R に属するテレビ局の入札を実際に拒否した場合、電波での放送を続けるテレビ局の集合は $S = A \cup R$ となる。オークションシステムが R 内にあるテレビ局の入札の拒否を決める前には、R 内の全テレビ局にチャンネルを見つけられることを確認しておかなければならない。

その問題を検討するために、ここでいくつか表記法を追加しよう。それぞれのテレビ局 $s \in S$ について、s にとって潜在的に利用可能なチャンネルの集合を $C(s)$ と表し、さらに潜在的に利用可能なすべてのチャンネルの集合を $C = \cup_{s \in S} C(s)$ とする。これを言葉で表せば、S 内のあらゆるテレビ局が受け入れ可能なチャンネルに割り当てられるならば、そして割り当てられたテレビ局の組が干渉制約によって除外されることがなければ、チャンネル割

り当ては実行可能であるということだ。チャンネル割り当ては写像 $c:S\rightarrow C$ である。定式化すると、(i) すべてのテレビ局 $s\in S$ について $c(s)\in C(s)$ であり、(ii) テレビ局のすべての組 $(s,s')\in S\times S$ について $((s,c(s)),(s',c(s')))\notin X$ ならば、チャンネル割り当ては実行可能である。ここで X は除外される組の集合である。N がテレビ局全体の集合であることを思い出そう。拒否が実行可能なテレビ局の集合の系は、実行可能なチャンネル割り当てから次のように得られる。

$$\mathcal{R}=\{R\subseteq N-A\,|\,(\exists c:A\cup R\rightarrow C)$$
$$c\text{は実行可能なチャンネル割り当て}\}$$

$\mathcal{R}$ はテレビ局の集合の系であり、その系を定義するには最初に、組の集合である、実行可能なチャンネル割り当ての集合 $\{s,c(s)\}$ $\subseteq(A\cup R)\times C$ を用意し、次にそれぞれの組からそのテレビ局だけを取り出して、$N-A$ のテレビ局だけを含むようにする。これは複雑な構成をともなう定義であり、$\mathcal{R}$ が特に優れた数学的構造を持っているという保証はない。それでも、多くのケースでは優れた構造が存在している。

　例えば、ある大都市圏で利用できるチャンネル数が 15 だけなら、その地域でチャンネルを割り当てられて放送を継続するテレビ局の総数は 15 を超えてはならない。大都市圏がほかの都市から独立していて、これらが唯一の干渉制約なら、この制約集合はマトロイドを形成する。

　別の例として、テレビ局の間の干渉制約が全体としてあまり多くなく、例えば I を超えないようなテレビ局の集合 S について、実行可能なチャンネル割り当て c を見つけることがつねに可能だとしよう。テレビ局 n が関与する干渉制約の数を s_n とすれば、S が実行可能であるための十分条件は $\sum_{n\in S}s_n\leq I$ となり、これは

ナップサック問題を記述している。ナップサック問題についての検討を振り返れば、v_n/s_n を使ってテレビ局を順位づけし、その指標を用いて貪欲に詰め込むことで、近似最適値を見つけることができる。

　実際の FCC の問題では、ナップサック制約とマトロイド近接（close-to-matroid）制約のいずれかが配分を拘束する可能性があり、そのどちらに拘束力があるのかによって、テレビ局の順位が v_n（$\mathcal{R}$ がほぼマトロイドであるような事象できわめてよく機能する）と v_n/s_n（ナップサック制約に拘束力がある場合にきわめてよく機能する）のどちらによって向上するのかが決まる。中間を取ることも可能である。例えば、$v_n/\sqrt{s_n}$ に従ってテレビ局の順位を決めることができ、それと同じことが、FCC のインセンティブ・オークションで使われた貪欲アルゴリズムの背後にもある。

5章
結　び

　経済理論において競争市場での価格を検討する場合、その教科書的アプローチにはさまざまな仮定が組み込まれており、本書ではそのうちの2つに焦点を当てている。1つめは、資源を記述するには、個別の財に独自性を与える傾向がある要素の多くを無視して、集合物と考えれば適切に記述できるという仮定だ。そして2つめはそれに関連のあるもので、配分に対する物理的制約は資源制約のみであるという仮定だ。これらは、手に入る供給を上回る財は配分できないことを意味する制約である。例えば、大都市の空港における航空機の離着陸について議論する場合、経済学の教科書は空港の1日の乗客容量には制限があると考える。そのうえで、利用効率を高めるには、航空会社に対して乗客数に応じた空港使用料を請求し、離着陸が最も混雑する時間帯と最も空いた時間帯の間で使用料に差がつくようにすることで、最も混雑する時間帯に航空便を増やすのを避けるように促すことが望ましいだろう。

　しかし、航空機の離着陸の判断をする飛行管制官にとっては、このように高いレベルで考えてもすべてが説明できるわけではない。問題は、ある空港の混雑時間帯の総乗客数がおおまかに制限されるようにすることだけでなく、航空機の流れの細かな状況に合わせて着陸時間や滑走路、ターミナルを割り当てることなのだ。交通網では、単に交通量全体を制限するだけでなく、自動車や航

空機、鉄道が衝突しないように制約を課さなければならない。同じように、テレビ放送用の周波数を配分する場合も、各都市で放送をおこなうテレビ局の数を制限するだけでは十分ではない。信号が干渉し合わないような方法でテレビ局をチャンネルに割り当てることも必要だ。

　現実には、ある種の制約を扱う方法は、長期的な計画策定と短期的な計画策定とで異なる。消費者が午後8時2分に照明のスイッチを入れる場合、午後8時4分に電力が供給されても意味がない。抽象的な経済理論は、こういった種類の細かい状況は概念上のトリックを用いて片づけてしまっている。つまり、異なる時間の電力は異なる商品にあたり、この例の消費者はその一方を必要としているが、他方は必要としていないとするのだ。しかしこのトリックは、価格に導かれた資源配分システムではほとんど役に立たない。商品の数があまりに多くなり、異なる価格の数も多くなってしまうからだ。1秒ごと、あるいは1分ごとに入札額や価格が変化するような電力システムを設計する現実的な方法はない。長期的な計画策定では、電力システムを計画するときに、計画策定者は全体のピーク容量がどのくらい必要かを検討する。一方で短期的な計画策定では、電力供給にあたって、いつどこに供給するかというあらゆる細かな点が重要な要素として浮かび上がってくる。現実的には、市場をそなえている電力システムにおいても、商品となるのは秒単位、あるいは場所単位の電力ではない。代わりに、もっとおおまかに定義された商品が用いられており、集中型システムの運営者は、市場での入札では決まらない詳細部分を補うための決定を、市場参加者に押しつけることになる。

　本書では、短期の問題において資源を送り出すのに使われることの多い精密な工学的モデルと、価格とオークションを使って資源配分を導く可能性の間にある隔たりを埋めようとした。経済分

析で重要なのは、価格が短期的な配分を導くのに役に立つのなら、その同じ価格が、長期的な能力決定のための優れた投資インセンティブをもたらすということだ。3章の多くの部分はそれに関連する事項の分析に費やした。

　ほかに取り上げた問題は、効率的な短期的決定を導くのに価格を使うことが、少なくとも原則的に可能なのはどういった場合かという点にかんするものである。多くの場合では価格を使うことができない。短期的配分の問題は計算が難しいことがあり、効率的な決定を支える価格が存在しない可能性があるのだ。本書の別のテーマとして、オークションの使用を論じてきたのはそのためだ。これまでに見てきたように、財が厳密に代替財である場合には、市場均衡を実現する価格が存在し、競り上げ式オークションを使ってそれを見つけられる。新たにわかったのは、財が近似的に代替財である場合（私の分析で評価し、精緻化した条件）、近似的に効率的な配分をもたらす競り上げ式オークションが存在することだ。さらに、そうしたオークションには特に優れた性質がいくつかある。4章で説明したとおり、オークションはグループ耐戦略性や自明耐戦略性を持ちうるし、落札者の秘匿性を保護できるのである。

　この種の分析は新しいものであり、本書を執筆している最中にも、ここで扱ったアイデアの一部が、FCCによる放送用電波インセンティブ・オークションの設計で大規模に応用され、その価値を試されている。成功すれば、こういった応用例は、交通などの分野におけるほかの難しい資源配分問題の手本になるだろう。

原 注

1章　イントロダクション

1. 米国小麦連合会（http://www.uswheat.org/wheatGrade）によれば、2等赤小麦は、1等の基準を満たさないが、ブッシェルあたりの最低重量が58ポンド（約26キログラム）あり、損傷した穀粒の割合が4パーセント以下、そのうち熱損傷を受けた穀粒の割合が0.2パーセント以下、異物の含有割合が0.7パーセント以下、縮みや割れのある穀粒の割合が5パーセント以下、他の種類（白小麦など）の小麦の割合が5パーセント以下または用途の異なる小麦の割合が2パーセント以下、混入の合計が5パーセント以下（損傷した穀粒〔合計〕と異物、縮みや割れのある穀粒を含む）のものをいう。

2. 新古典派モデルには、商品がきわめて細かく定義される場合、あまりに多くの価格が必要になるという別の問題がある。このモデルの魅力として大きいのは、個別の品物についての少数の価格で、複数の品物の関係する複雑な決定を導けることだ。例えば航空管制の問題では、2機の航空機が衝突しないという制約を資源制約と考えて、時間や空域の単位を別々の資源として扱うことが可能だ。飛行計画ではこうした資源の特定の集合を使用するし、いずれか1つの資源への総需要が1を上回らなければ飛行計画の集合に矛盾は生じない。これは論理的に首尾一貫した定式化だが、飛行計画の最適集合を見つけようとして個別の資源の価格を調整しても、成功しない可能性が高いだろう。後から示す通り、価格は飛行計画で使われる種類の補完的資源の使用を導くことよりも、資源間の代替を導くことのほうに効果がある。

3. 「釘の家」の写真を集めたウェブサイトがある。www.oddee.com/item_99288.aspx

4. 記録管理は現代的なマーケットデザインでも問題になる。うまくいく腎

臓交換システムを立ち上げる最初のステップの1つは、患者とドナー、そしてそれぞれの特徴についてのデータベースを構築することだった（Roth et al. 2005）。

5. テレビ放送の初期には、テレビ受信機のチャンネルは物理的な周波数帯に対応していた。しかし現在では、視聴者が自分のテレビで設定するチャンネル番号は、電波によるテレビ放送に使われる周波数チャンネルと同じとはかぎらない。ワイヤレスブロードバンド用として価値が高くなったというのは、UHFの物理的なチャンネルの話であって、消費者がケーブルテレビや衛星テレビのサービスを使う放送局を選択するときに設定する、実質的なチャンネルのことではない。

6. 例えば、カナダやメキシコとの条約によって、あるチャンネルの使用方法を制限するような制約が課せられる。同一チャンネル制約のほかに、そうした条約上の条件から、ある放送局の組に対して違いが2以下のチャンネル番号が割り当てられないようになっており、干渉に対するいっそうの防護手段となっている。こうした制約は、標準的なグラフ彩色問題の制約と厳密には一致しない。カナダは、米国の放送局と同じ周波数を使わないようにするために、自国のテレビ放送局にチャンネルを割り当て直し、その再割り当てを調整することに同意している。これは両国にとってプラスになる話だ。米国国内の周波数を完全に空けることができ、カナダは米国で使われるのと同じ周波数を、モバイルブロードバンドに使えるようになる。メキシコも、一部の周波数からテレビ放送局を移動させることに同意しているが、これはチャンネル38から51だけが対象である。

7. NP完全問題は、「高速」なアルゴリズムで解くことが不可能だと考えられている。グラフ彩色問題でいう高速なアルゴリズムとは、N本のアークがあるグラフの計算時間が、ある正の数αについて$\alpha N^{\alpha+1}$を上回らないアルゴリズムのことだ。アルゴリズムがこの意味で高速でない場合、そうしたαは存在しない。つまりすべてのαについて、アーク1本あたりの計算時間がαN^{α}を上回る問題が存在するということだ。実際問題としてこのことは、少なくともサイズが大きい一部の難しい問題では、アルゴリズムを使った計算に非現実的なほど長い時間がかかる可能性が高いことを意味する。

8.　いわゆる低出力テレビ局（LPTV）はこの権利を与えられなかった。LPTVのライセンスについては以前から、その権利は二次的なもので、優先的用途との間で干渉しない周波数でのみ放送することを許すものと規定されていた。そしてこのときには、新しいモバイル向けブロードバンドライセンスが新たな優先的用途とされることになった。

9.　1993年に私と同僚のスタンフォード大学経済学部のロバート・ウィルソン教授は「同時複数ラウンド（競り上げ）オークション」を提案し、その一部として「活動ルール」を考案した。活動ルールを導入する場合、新たな応札や、高い入札額の維持における入札者の活動が、オークションのラウンドごとに計測される。入札者は十分な活動をしなければ、そのオークションにおける将来のラウンドで入札資格の一部を失う。最初の活動ルールは1994年の米国周波数オークションに組み込まれ、その後米国で実施されたすべての周波数オークションや、世界各国のほぼすべての周波数オークションで同様のルールが用いられた。

2章　（近）代替財、価格、安定性

1.　対照的に、アローとハーヴィッツは彼らのモデルについて、一意な需給均衡価格ベクトルが存在することを証明した。彼らのモデルとここで示したモデルの間には2つの違いがある。1つめは、アロー＝ハーヴィッツモデルは、需給均衡価格ベクトルには価値基準財である商品の正味需要がゼロという条件を含むが、ここで示したモデルは、限られた数の商品についての需給均衡価格を要求するのみだということだ。2つめは、アローらのモデルでは価値基準財ではない商品だけでなく、すべての商品が粗代替財であると仮定していることだ。その追加の仮定で示されるのは、価値基準財ではないすべての商品に対する任意の2つの価格ベクトルがあり、一方のベクトルがあらゆる成分において他方よりも大きいと考えると、価値基準財である商品の正味需要は、より高い価格ベクトルにおいて厳密に大きくならなければならないということだ。つまり、これら2つの価格ベクトルが同時に市場を均衡化することはできない。したがってアローらのモデルでは、需給均衡価格ベクトルは1つしか存在できない。

2. 価値基準財ではない商品が2つ以上ある場合でも、最も高い均衡価格ベクトルと最も低い均衡価格ベクトルが存在する。その証明はここでは省略する。

3. ケルソ＝クロフォードの理論が構築される際には、企業が労働者の集合の間で無差別にならないという仮定は追加されていない。その仮定がない場合、企業の需要は多価需要関数 $D^j(\cdot)$ によって記述される。この場合 $D^j(w^j)$ は労働者の集合の系であり、それぞれの集合は企業にとって給与ベクトル w^j での最適の選択肢である。（ほぼすべての給与ベクトル w^j について、$D^j(w)$ は単集合になるが、企業が利潤を最大にしたいと考えていて、価格全体を検討する場合には、例外は避けられない）。この定式化のもとで、ある企業にとって労働者が「粗代替財」であることは、次のように定義される。$w^j \leq w'^j$ を満たすような（w'^j の各成分は w^j の対応する成分と等しいかそれより大きいことを意味する）任意の2つの給与ベクトルについて、もし $T \subset S \in D^j(w^j)$ であり、かつすべての $i \in T$ について $w_i^j = w_i'^j$ であれば、$T \subseteq S' \in D^j(w'^j)$ となる S' が存在する。

　直観的に説明すると、この代替財の定義は、制約のある給料ドメイン W に対してのみ定義された一価需要関数という特別なケースと同じ解釈になる。つまり、一部の労働者の給与を増やしても、給与が据え置かれた労働者（T に含まれる）のグループに対する需要は減少しないということだ。

4. $j \in R_i(w)$ ならば、$i \in D^j(w^j)$ であることに注目してほしい。これは、$w_i^j = \widehat{w}_n$ であるような $n \leq N$ があることを示唆する。したがって、F の値は適切な範囲内にある。

5. $\mathbb{R}^N$ 内のベクトル間の不等号については、$x \leq y$ と書く場合には $n = 1, \ldots, N$ について $x_n \leq y_n$ であることを意味する。また $x < y$ は $x \leq y$ かつ $x \neq y$ を意味し、$x \ll y$ は $n = 1, \ldots, N$ について $x_n < y_n$ を意味する。

6. オペレーションズ・リサーチや計算機科学の研究者は、こうした問題のクラスの難しさについて問題を、「計算量理論」（計算複雑性理論）という数学分野の一部とみなしている。ナップサック問題の解の候補 $\hat{x}$ が最適かどうかを確認する問題は、NP完全である（Papadimitriou, 1994）。この「難しさ」の特徴づけは通常、$P \neq NP$ という一般的な計算量問題の仮説を背景にして理解される。この仮説により、ナップサック問題のクラスがNP完全である

214

という命題が意味するのは、任意の解のアルゴリズムと、任意の多項式関数 F について、計算時間が $F(N)$ よりも長くなるナップサック問題が存在するということになる。この結論を直観的に言い表すなら、ナップサック問題には「指数関数的」な最悪計算時間がある、といえる。

7. 2個の品物の価値／大きさ比が等しい場合は、無作為化を用いて同順位を解消し、厳密な順序となるようにすればよい。

8. 企業がこのモデルにおいて利益を最大化させる立場をとり、労働者が代替財であれば、給与を増加させても企業が雇う労働者の数が増加しないことを証明できる。「総需要の法則」として知られるこの特性は、Hatfield and Milgrom（2005）によって確立された。

9. 入札者が品物の価値を知っているという仮定は、多くのオークションにとって無害ではない。それは一部の品物の価値は、認知される美しさや真正性、あるいは転売価値のような、他の人の知識に左右される可能性があるからだ。そうしたことは重要な問題になりえるが、われわれにとって主要な問題ではないので、本書では全体を通じて、入札者は品物に対する自分自身の価値について知っていると仮定する。

10. 証明は次のようになる。$\alpha(v)$ が単調でない場合、それは $n \in \alpha(v)$ であるような v と、$n \in \alpha(v'_n, v_{-n})$ であるような $v'_n > v_n$ が存在することを意味する。その場合、v_n または v'_n というタイプのうちの1つは、他の入札者のタイプ・プロファイルが v_{-n} であるとき、誤った報告をするインセンティブがなければならない。もしタイプ v_n がそのようなインセンティブを持たないならば、$v_n - p_n(v) \geq p_n(v'_n, v_{-n})$ となる。ここで、もし n の本当のタイプが v'_n であり、かつ自分のタイプが v_n であると誤って報告するならば、その入札者は勝ち、利得 $v'_n - p_n(v) > v_n - p_n(v) \geq p_n(v'_n, v_{-n})$ を手に入れる。言い換えれば、誤った報告をすることで得られる利得は、正直に報告することの利得より厳密に高い。

11. 同様の方法で「混合（戦略）」ナッシュ均衡を定義することも可能だ。その場合、所有者たちが自らの純粋戦略をランダムに選べるようにする、という形で定式化する。混合戦略は私たちのモデルでは使っていないので、ここでは除外する。

12. 需要法則は私の定式化のもとでも成立する。なぜなら、プレイヤーの利得があらゆる「所得効果」を取り除いているからだ。所得効果にかんする議論は、ミクロ経済学の入門レベルの標準的教科書の多くで詳しく展開されている。

13. 記法を追加するという犠牲を払えば、これは、買い手がそれぞれの品物に異なる価値をつけるケースに拡張でき、この価値は費用最小化問題におけるコストから減じられることになる。

14. この応用例では、実際の制約はこれよりはるかに複雑だ。そうした制約については、後の章で説明と分析をおこなう。

15. マトロイドについての数学文献はたくさんあり、組み合わせ最適化、ネットワーク理論、符号理論などに応用されている。この章を読むだけですべてわかるようにしてあるが、ここであげたマトロイドの研究成果はどれもよく知られているものだ。マトロイドについてもっと詳しく知るには、Neel and Neudauer（2009）やOxley（2011）を参照のこと。

3章　ヴィックリー・オークションと代替財

1. 後で最大化問題を定式化するときには、解が存在するために、選択肢が有限集合であれば十分であると仮定する。この後の議論の大部分は、必要とする極大の存在を保証するような方法がほかにあるなら、有限性の仮定がなくても成立する。

2. 弧状連結性の仮定を省略するなら、次のような複数の支払いルールのある例を構築できる。$N = 1$であり、財が1種類だけ売り出されているとしよう。その1人の入札者が、その財について0か1の供給費用を持つ（そのために生じうる価値は弧状連結集合を形成しない）。報告された費用が0.5未満である場合にのみ品物が購入され、その場合に支払われる代金がある数$p(0) \in (0, 1)$になるような直接メカニズムを検討しよう。そうした価格のそれぞれが異なる耐戦略的な直接メカニズムに対応するので、この例では耐戦略的価格が一意に存在しない。同じ結果関数αについて、生じうる費用が$\theta_1 \in \Theta_1 = [0, 1]$で与えられるならば（訳注：供給費用が0から1までの任意の実数を取り得る場合）、(α, p^α)を耐戦略的にする唯一の価格は、$\theta < \frac{1}{2}$の場合に

216

は $p^a(\theta) = \dfrac{1}{2}$ であり、それ以外では $p^a(\theta) = 0$ である。

3. この記法では提携値を生む（提携メンバーの一人である）買い手の存在が省略されており、その点で、教科書で一般的にみられる提携値関数の定義とは異なっている。

4章　受入保留方式オークションと近代替財

1. オークション設計全般で考えると、真剣な入札者からの入札をひきつけることがなによりも重要だ。インセンティブ・オークションの文脈では、1つまたは少数の放送市場で1つのテレビ局を所有する小企業は、入札の経験が浅いのに、とても大きな賭けに出て（家族経営の会社を売ろうというのだから！）、一生に一度しかしない不慣れな取引に参加しようとしている。オークション後には稼働中のチャンネルが少なく、自分の権利を売らない入札者が価値の高いチャンネルに割り当てられる。均衡理論によれば、オークションで支払われる価格は、オークション後のチャンネルの価値に近くなる可能性があるので、不参加が入札者にとって現実的で成功の見込める選択肢になりかねない。そうしたインセンティブに対抗する最善の方法は、オークションへの参加を特に小規模な入札者にとって安全で簡単なものにすることだ。

2. 定式化された一般的な説明が知りたい読者は、Li（2015）を参照のこと。

3. このセクションの議論は、Milgrom and Segal（2015）に基づいている。

4. 例えば、ある $\underline{\Delta} > 0$ について $\Delta(A') \geq \min(p_{n^*}(A'^{-1}), \underline{\Delta})$ となるように、減少幅を制限する場合がある。

参考文献

Arrow, K. J., and L. Hurwicz. 1959. "On the Stability of the Competitive Equilibrium, II." *Econometrica* 27 (1): 82–109.

Ausubel, Lawrence, and Paul Milgrom. 2002. "Ascending Auctions with Package Bidding." *Frontiers of Theoretical Economics* 1 (1): article 1.

——. 2006. "The Lovely but Lonely Vickrey Auction." In *Combinatorial Auctions*, ed. P. Cramton, Y. Shoham, and R. Steinberg. Cambridge, MA: MIT Press.

Bleakley, Hoyt, and Joseph Ferrie. 2014. "Land Openings on the Georgia Frontier and the Coase Theorem in the Short- and Long- Run." Working paper.

Clarke, Edward H. 1971. "Multipart Pricing of Public Goods." *Public Choice* 11 (1): 17–33.

Dantzig, George B. 1957. "Discrete-Variable Extremum Problems." *Operations Research* 5 (2): 266–88.

Eilat, Assaf, and Paul Milgrom. 2011. "The CAF Auction: Design Proposal." WC Docket No. 10-90 et al., filed July 29, 2011.

Fudenberg, Drew, and Jean Tirole. 1991. *Game Theory*. Cambridge, MA: MIT Press.

Green, Jerry, and Jean-Jacques Laffont. 1977. "Characterization of Satisfactory Mechanisms for the Revelation of Preferences for Public Goods." *Econometrica* 45 (2): 427–38.

Groves, Theodore. 1973. "Incentives in Teams." *Econometrica* 41 (4): 617–31.

Hatfield, John W., and Paul Milgrom. 2005. "Matching with Contracts." *American Economic Review* 95 (4): 913–35.

Holmström, Bengt. 1979. "Groves' Scheme on Restricted Domains." *Econometrica* 47 (5): 1137–44.

Kagel, J. H., R. M. Harstad, and Dan Levin. 1987. "Information Impact and Allocation Rules in Auctions with Affiliated Private Values: A Laboratory Study." *Econometrica* 55 (6): 1275–1304.

Kagel, J. H., and Dan Levin. 1993. "Independent Private Value Auctions:

Bidder Behaviour in First-, Second-, and Third-Price Auctions with Varying Numbers of Bidders." *Economic Journal* 103: 868–79.

Karp, Richard M. 1975. "Reducibility Among Combinatorial Problems." *Journal of Symbolic Logic* 40 (4): 618–19.

Kelso, Alexander Jr. and Vincent Crawford. 1982. "Job Matching, Coalition Formation, and Gross Substitutes." *Econometrica* 50 (6): 1483–1504.

Lehmann, D., L. I. O'Callaghan, and Yoav Shoham. 2002. "Truth Revelation in Approximately Efficient Combinatorial Auctions." *Journal of the ACM* 49 (5): 577–602.

Leyton-Brown, Kevin, Paul Milgrom, Neil Newman, and Ilya Segal. 2016. "Simulating Economic Outcomes in Reverse Clock Auctions for Radio Spectrum." Working paper.

Li, Shengwu. 2015. "Obviously Strategy-Proof Mechanisms." Working paper. https://ssrn.com/abstract=2560028.

Milgrom, Paul. 2000. "Putting Auction Theory to Work: The Simultaneous Ascending Auction." *Journal of Political Economy* 108 (2): 245–72.

——. 2004. *Putting Auction Theory to Work*. Cambridge, U.K.: Cambridge University Press. (ポール・ミルグロム『オークション 理論とデザイン』川又邦雄・奥野正寛監訳、計盛英一郎・馬場弓子訳、東洋経済新報社、2007)

——. 2009. "Assignment Messages and Exchanges." *American Economic Journal: Microeconomics* 1 (2): 95–113.

Milgrom, Paul, and Ilya Segal. 2002. "Envelope Theorems for Arbitrary Choice Sets." *Econometrica* 70 (2): 583–601.

Milgrom, Paul, and Ilya Segal. 2015. "Deferred-Acceptance Auctions and Radio Spectrum Reallocation." Working paper.

Milgrom, Paul, and Bruno Strulovici. 2009. "Substitute Goods, Auctions, and Equilibrium." *Journal of Economic Theory* 144 (1): 212–47.

Nash, John F. 1950. "Equilibrium Points in *n*-Person Games." *Proceedings of the National Academy of Sciences of the United States of America* 36 (1): 48–49.

Neel, David, and Nancy Neudauer. 2009. "Matroids You Have Known," *Mathematics Magazine* 82 (1): 26–41.

Oxley, James. 2011. *Matroid Theory*, 2nd edition. Oxford, U.K.: Oxford University Press.

Papadimitriou, Christos H. 1994. *Computational Complexity*. Reading, MA: Addison-Wesley.

Roth, Alvin, Tayfun Sönmez, and Utku Ünver. 2005. "A Kidney Exchange Clearinghouse in New England." *AEA Papers and Proceedings* 95(2): 376–80.

Rothkopf, M. H., T. J. Teisberg, and E. P. Kahn. 1990. "Why Are Vickrey Auctions Rare?" *Journal of Political Economy* 98(1): 94–109.

Smith, Adam. 1776. *An Inquiry into the Nature and Causes of the Wealth of Nations*. London: Methuen and Co, Ltd. (アダム・スミス『国富論——国民の富の性質と原因に関する研究』高哲男訳、講談社学術文庫、2020ほか)

Vickrey, William. 1961. "Counterspeculation, Auctions, and Competitive Sealed Tenders." *Journal of Finance* 16(1): 8–37.

Walras, Léon. 1874. *Elements of Pure Economics*. London: Routledge. (レオン・ワルラス『純粋経済学要論——社会的富の理論』久武雅夫訳、岩波書店、1983)

監修者解説

安田洋祐（大阪大学准教授）

　解説記事には2通りの読者がいます。本文を読み終わった後にさらに詳しい専門的な情報を求める人と、本文を読む前にだいたいの内容や評判について摑んでおきたい人。僕はこの解説記事を、完全に後者の読者へ向けて書きたいと思います。決して入門的とは言えない難解な本書を読破した前者の方々に対して、監修者から加えることができる有益な情報はほとんどないから（あと、僕自身も専門書を読むときは巻末の解説からまず目を通すから）です。根気強く最後まで読み進めてくださった皆さんには、手短で恐縮ですが、感謝の言葉だけお伝えします。「どうもありがとうございます。そしてお疲れ様でした！」。というわけで、以下はこれから本書を読もうとしている人に向けたメッセージになります。

ミルグロム氏の功績

　本書の著者であるポール・ミルグロム氏は、経済学者の誰もが認める学界の超大御所です。2020年度のノーベル経済学賞（正式には「アルフレッド・ノーベル記念経済学スウェーデン国立銀行賞」）をスタンフォード大学の同僚ロバート・ウィルソン氏と共同受賞したことで、その名前をメディア等で目にされた方もいるでしょう。ちなみに、受賞理由は「オークション理論の改良と新しいオークション形式の発明」に対して、というもの。理論を

構築するだけでも大偉業なのですが、現実に実装されてきちんと成果をあげるようなオークションの仕組みをデザインした、という点が特に目を引くポイントでした。

　少し脱線すると、ミルグロム氏はオークション理論だけでなく、その土台でもある経済理論やゲーム理論をはじめとして、情報の経済学、産業組織論、組織・制度の経済学など、幅広いテーマにわたって長年研究を行っており、それぞれの分野でスゴい業績を残しています。僕のような同業者は、彼の研究の理論的な革新性につい目がいってしまいますが、Google Scholarで論文を検索すると、理論を現実の事象に適用した応用論文の被引用件数が非常に多いことに気付かされます。これは、ミルグロム氏が理論と応用、あるいは理論と実践の優れたバランス感覚を持っていることの証でしょう。そういえば、ビジネススクールでの講義をもとに、同僚のジョン・ロバーツ氏と共同執筆した『組織の経済学』（NTT出版）をご存知の方もいるかもしれません。見た目が黄色い電話帳（!?）のような分厚い大著です。あの本も、こうしたバランスがいかんなく発揮された名著と言えるのではないでしょうか。

　さて、話をオークションのデザインに戻しましょう。ミルグロム氏が直接デザインしたオークションは、大きく分けると2つあります。複数のアイテムに対して多数の参加者が同時に競り上げていく「同時複数ラウンド（競り上げ）オークション」と、オークションを通じて保有者たちからアイテムを買い上げ、それを別の希望者へと（やはりオークションを通じて）販売する「インセンティブ・オークション」です。どちらも、アメリカにおいて米国連邦通信委員会（FCC）が最初に採用し、周波数帯域の免許を配分するための仕組み（通称「電波オークション」）として、1994年と2016年にそれぞれ実施されました。前者については、

オークション導入に至る制度的な背景とその理論的な根拠が、ミルグロム氏自身による著作『オークション 理論と実践』（東洋経済新報社）で詳しく述べられています。

本書の特徴

　本書は、ミルグロム氏が携わった2つ目の大きなプロジェクトである「インセンティブ・オークション」の解説書になります。はじめに、良いニュースと悪いニュースをお伝えしておきましょう。まずは悪いお知らせから。それは、すでに最初の段落でうっかり漏らしてしまいましたが、とにかく「本書が難解である」ことです。著者自身が第1.4節の「巨人の肩に立つ」（51ページ）で述べている通り、市場均衡理論、オークション理論、計算量理論という3つの異なる理論を柱として、その知見を相互にオーバーラップさせながら展開していく理論分析は、どれか一つの分野の専門家であったとしても取っつきにくいものでしょう。また、その論理展開も、必ずしも一直線で分かりやすいものとは言えません。僕自身も読み手としてよく経験しますが、「内容が小難しく見えるのは訳文のせいで、原著を読むと非常に分かりやすい」という訳本あるある的な指摘が、幸か不幸か本書に関しては当てはまらないように感じます。そう、残念ながら原著もかなり取っつきにくい、言い換えると訳者＆監修者泣かせの専門書なのです。（にもかかわらず、辛抱強く正確に翻訳してくださった訳者の熊谷玲美さんに感謝します。本当にお疲れ様でした！）

　ここまで読んで、本書を読む気力が一気に失せたかもしれません。が、もう少しお付き合いください。ここからいよいよ良いお知らせです。一般に、原著が難しければ難しいほど、日本語訳の付加価値は高まります。外国語で書かれていると、日本語と同じように文章がパッとは目に入ってきません。さらに、疑似均衡価

格、耐戦略性、マトロイドといった（英語でも、日本語でも）い
かにも小難しい概念が縦横無尽に出てくる本書の内容を原著で理
解するのは、よほどこの分野に精通している専門家でない限り至
難の業でしょう。加えて、著者には自明のこととして、証明の中
で論拠がスキップされていたり、文章内で文言が省略されていた
りする箇所も少なくありません。日本語訳では、こうした原著の
クセを読み解き、その一部を「訳注」として補足しました。ささ
やかな工夫ではありますが、原著に直接挑戦するより、いくらか
皆さんのハードルを下げることに貢献できていれば幸いです。

　もう一つの良いお知らせは、本書の希少性です。実は、オーク
ションに関連する業績に対してノーベル賞が授与されたのは、
2020年度がはじめてではありません。少なくとも、1996年度の
ウィリアム・ヴィックリー氏と2007年度のロジャー・マイヤー
ソン氏は、オークションと密接に関係する貢献が受賞理由となっ
ています。また、2012年度のアルヴィン・ロス氏とロイド・シ
ャプレー氏の受賞理由である「マーケットデザイン」も、オーク
ションを含む市場や制度のデザインに関する分野です。こうした
事情もあるせいか、オークションやマーケットデザインに関する
教科書や入門書はすでに日本語でも多数出版されています。では、
その中でインセンティブ・オークションについて触れているもの
があるでしょうか？　僕もすべての関連書をくまなくチェックし
たわけではありませんが、言及すらしていない本が大半ではない
かと思います。少なくとも、本書と同じレベルの深さや広がりで
解説したものは、間違いなく存在しません。インセンティブ・オー
クションについて包括的に学ぶことができる書籍は、現在のと
ころ本書以外にはないのです。これが本書の大きなウリです。

インセンティブ・オークションの大きな挑戦

　では、なぜ多くの類書はインセンティブ・オークションを扱っていないのでしょうか。一つには、現実にその仕組みがはじめて実施されたのが2016年（終了したのは2017年）と、比較的最近である点が挙げられます。しかし、より本質的な理由は、インセンティブ・オークションが通常のオークションとは性質が大きく異なる、という点にあります。オークションというのは通常、あらかじめ決められたアイテムを買い手どうしの競争を通じて売るような仕組みを指します。そこではアイテムの供給量はすでに決まっていて、潜在的な買い手たちからいかにうまく需要を引き出し、適切な価格で販売できるかが焦点となります。他方で、インセンティブ・オークションでは、供給量自体がオークションによって変わってきます。本書が詳述しているアメリカの周波数オークションを例にとると、政府が周波数（の使用権）を買い上げるリバース・オークションで周波数を手放す所有者が増えれば増えるほど、周波数を新たな使用者に販売するフォワード・オークションにおける供給量が増える、というわけです。政府が目標とする供給量を引き上げると、リバース・オークションでの（各周波数免許に対する）購入価格が高くなる一方、フォワード・オークションでの競争は弱まり販売価格は低くなります。目標とする供給量の調整を通じて、購入と販売という2つのオークションにおける支出と収入のバランスを取るというのは、今までのオークションのデザインには無かった、根本的に新しい要素だと言えるでしょう。

　リバース・オークションの導入は、他にも大きな挑戦を生みます。それは、モバイルブロードバンド用に適したUHF帯を確保するために、UHF帯の周波数を保有している放送局をいかにしてVHF帯に移動させるか、という問題です。リバース・オーク

ションは、放送局の持つUHF帯の免許を政府が直接購入して終わり、というほど単純ではありません。より経済価値の低いVHF帯の免許を購入して、そこに（希望する）UHF帯の放送局を移動させるという選択肢もあるからです。そして、放送局の「引っ越し」を円滑に行うためには、放送の継続を希望する放送局に対して、電波干渉などの問題を起こすことなく新たな周波数免許を適切に配分しなければなりません。この制約条件のもとでの複雑な配分問題を扱うために、上述した3つの柱の一つである計算量理論が大活躍するのです。ただし、計算量の概念や、関連するアルゴリズムなどについて、（僕自身を含め）多くの経済学者は不慣れでしょう。その一方、これらについて詳しいであろう計算機科学やオペレーションズ・リサーチ分野の方も、本書で展開される市場均衡理論やオークション理論といった、経済学的な基礎理論を理解するのは骨が折れるのではないでしょうか。だからこそ、専門家ですら取っつきにくいのです。逆に考えると、付け焼刃の知識ではなく、各分野における学部上級～大学院レベルの学知をまさにフル活用した内容が本書では語られている、とも言えます。

日本においても極めて重要な政策課題

　以上のように、インセンティブ・オークションはもちろんのこと、現実の制度設計に直結するトピックで、本書ほど最先端かつ学際的な知見を踏まえた学術書はなかなかありません。この意味で、オンリーワンの一冊と言っても過言ではないと思います。最後にもう一点だけ付言すると、電波オークションを未だに行っていない（先進国としては例外的な国である）日本においても、周波数の再配分を通じた電波利用の効率化は喫緊の課題となっています。そのため、将来的にインセンティブ・オークションの導入

や、そのアイデアを取り入れた何らかのマーケットデザインが実施される可能性は十分あるように感じます。というか、空いている周波数帯がほとんどない現状において、通常の電波オークションを行う余地はもはやなく、実施するならインセンティブ・オークション一択なのです。こうした背景を踏まえると、インセンティブ・オークションは、わが国においても極めて重要な政策課題であることがうかがえます。そのコアについて記された本書を通じて、一人でも多くの読者の方に、オークションデザインのフロンティアを感じて頂ければ監修者としてありがたいです。

2021年12月

索　引

*のついた番号は図版や写真のキャプションのページ数を示す。

238

訳者略歴
熊谷玲美（くまがい・れみ）

翻訳家。1975年生まれ。東京大学大学院理学系研究科地球惑星科学専攻修士課程修了。訳書にローダー編『問題解決力がつく数学プロブレム』、クラインズ『太陽を創った少年』、ディアマンディス&コトラー『楽観主義者の未来予測』（以上早川書房刊）、パーカック『宇宙考古学の冒険』ほか多数。

オークション・デザイン
ものの値段はこう決める

2022年2月20日　初版印刷
2022年2月25日　初版発行

著　者　ポール・ミルグロム
監修者　安田洋祐
　　　　やすだようすけ
訳　者　熊谷玲美
　　　　くまがいれみ

発行者　早川　浩
印刷所　精文堂印刷株式会社
製本所　株式会社フォーネット社
発行所　株式会社　早川書房
郵便番号　101-0046
東京都千代田区神田多町2-2
電話　03-3252-3111
振替　00160-3-47799
https://www.hayakawa-online.co.jp

ISBN978-4-15-210051-1 C0033　定価はカバーに表示してあります。
Printed and bound in Japan

最悪の予感
——パンデミックとの戦い

The Premonition
マイケル・ルイス
中山 宥訳
46判並製

『マネー・ボール』著者最新作

中国・武漢で新型コロナウイルスによる死者が出始めた頃、アメリカの政権は「何も心配はいらない」と言いきった。しかしごく一部の科学者たちは危機を察知し、独自に動き出していた——。当代一のノンフィクション作家がコロナ禍を通じて描く、意思決定と危機管理の本質

SFプロトタイピング

―SFからイノベーションを生み出す新戦略―

宮本道人 監修・編著
難波優輝&大澤博隆 編著

46判並製

宮本道人―監修・編著　難波優輝｜大澤博隆―編著

SFからイノベーション
を生み出す新戦略

SFプロト
タイピング

早川書房

ビジネスは想像力。

SFを通じて未来をプロトタイプし、そこか
らの逆算＝バックキャストで製品開発や組織
変革の突破口を開く――SFプロトタイピン
グと呼ばれる手法がいま、ビジネス界で熱い
注目を浴びている。主要な面々による座談会
＋論考でその最前線に迫る、本邦初の入門書

実力も運のうち 能力主義は正義か?

実力も運のうち 能力主義は正義か?

マイケル・サンデル

Michael J. Sandel

The Tyranny of Merit

What's Become of the Common Good?

鬼澤忍 訳　早川書房

THE TYRANNY OF MERIT

マイケル・サンデル

鬼澤 忍訳

46判上製

サンデル教授の新たなる主著!

出自に関係なく、人は自らの努力と才能で成功できる——こうした能力主義(メリトクラシー)の夢は残酷な自己責任論と表裏一体であり、勝者と敗者の間に未曾有の分断をもたらしている。この難題に解決策はあるのか? ハーバード大の超人気教授の新たなる主著。 解説/本田由紀

3つのゼロの世界

―― 貧困0・失業0・CO₂排出0の新たな経済

A World of Three Zeros

ムハマド・ユヌス
山田 文訳
46判上製

ノーベル平和賞受賞者が語る処方箋とは？
世界はいま、資本主義の機能不全にあえいでいる。母国バングラデシュの貧困軽減に貢献し、ノーベル平和賞に輝いたユヌス博士が、世界に広がるグラミン・グループと関連団体の活動をもとに、人類が直面する課題を解決するための具体策を語る。
解説／安浦寛人

1から学ぶ大人の数学教室
——円周率から微積分まで

BURN MATH CLASS

ジェイソン・ウィルクス

冨永 星訳

Ａ５判並製

**足し算・掛け算がわかれば
微分積分がわかる！**

高校では円周率や三角関数、指数対数を学んで微積分に入る。だがこの順序は間違いだ！足し算掛け算の知識を前提にいきなり微積分に入ると、なんと数学はわかりやすく美しいことか。すべてを自分で導きながら大学数学の基礎まで辿り着ける驚異の数学学び直し本。